風水不求人

陽宅改造自己來

林煒能 著

序文

本書書名：《風水不求人，陽宅改造自己來》，顧名思義就是要教導讀者自己如何去改造自家的陽宅，將自家陽宅以堪輿學的陽宅磁場，配合室內格局、動線規劃，來佈置一間既舒適又安穩的快樂之窩。

當讀者您在詳細看完本書後，只要依照筆者在書內所寫的內容，及所需添置的用具（如指南針、投影片），按部就班、一步一步去改造及規劃自己的辦公室、廠房、營業場所、居家……等陽宅，必定能安置一個既滿意又舒適的陽宅居所。

本書既以「自己來」為主，所以其內容的編寫，原則上是以一般的普羅大眾為閱讀對象，因此本書內容及文字的敘述，將會以白話文由淺入深的詳述剖析；此外，筆者也會敘述一些專業性的陽宅堪輿學理，以期能給專業者或已有基礎之人閱讀。

先賢說：「人法於地、地法於天、天法於自然。」由此可知我們的老祖宗是如何重視風水堪輿之事，而通常我們常說的「風水」，就是「藏風納水」之意，它又稱之為「堪輿學」。這個「輿」字涵義即是「大地」的意思，所以說「堪輿」即是在勘查並探索山川、大地的氣場，並從其中找出最吉利的氣場位置而加以利用，以祈求人們與生帶來的氣場，能與大地山川的氣場融為一體，並能藉此運用山川、大地的氣場以改變我們的命運，使我們自身及後代子孫都能安穩、快樂的歡度人生，可以的話可再進一步追求富貴之福氣。

既然是「人」在運用山川、大地的氣場，而人生在世的一輩子過程之中，必須歷經生與死的兩個階段；在生前，即需要有一個能遮蔽風雨、安家立業的居宅住所；於死後，也要有一處能藏體納骨的方寸之地。這居宅住所與方寸之地都是立基於山川、大地之上，因此堪輿學又可分類為「陰宅學」與「陽宅學」等兩個類別。

筆著在此僅就「陽宅學」為著作內容之論述，至於「陰宅學」方面的述說則置而不談。由於現在要購買一棟房屋，不管它是公寓、華廈、大樓、透天厝或是別墅，以一般中產階級之人而言，可說是一筆不小的負擔，甚至於大多數人終其一生都居住在其所購買唯一一棟的房屋之處，也因此每個人也都希望他們的家能是一個快樂且舒適的窩，也是一個安全的避風港。基於這個原因而促使筆者編寫這本能夠不用找風水師勘宅，能夠自己改造自家居宅、公司、辦公室、廠房……等的書，並也希望這本書能給讀者您帶來豐厚的收穫，進而將自家陽宅改造成一個快樂又舒適的窩，一個安全的避風港。

「人定勝天」這句話就筆者而言，它是人類在二十世紀因科學發達所產生狂妄、自大、愚笨且對大自然最不尊敬、破壞力最強的一種思想。這個「天」就是大自然，人類與宇宙萬物共存於這個地球之中，也共享這個地球所提供給我們的所有資源，人類雖有卓越的頭腦來發明事物、來改善周遭的環境、來提升生活品質，但人類卻沒有權利去獨享地球上的資源，也同樣沒有權利去破壞大自然的生態環境。所以，人類只能來「用」天，這個「用」，是「順勢運用」的「用」，而不是「利用」的「用」，人類只能與大自然及地球上的萬物和平共存，就大自然現存的生態環境去開發人類與萬物共存的生活環境，如此我們的子孫與萬物才能永世萬代的生存下去，而沒有受到摧殘、破壞，甚至於產生滅絕的危機。

陽宅堪輿的目的，就是要使人類居住的生活環境能與大自然環境融合在一起，而得以共生共存，使我們自身及後代子孫都能安居樂業的生活於地球上的每一個角落。

因此筆者除了希望這本書能給我們帶來一個舒適的窩、一個安全的避風港之外，更能為一般升斗小民提供一個更好的競爭條件，使我們一生的奮鬥過程中減少不必要的損失、降低令人扼腕之災害的發生，讓生活能過得更安穩與踏實。

最後筆者在此想說一句話，那就是：

您或許不是一位專業的從業人員，但是您只要會使用指南針，並詳細讀完本書後，您一定能自己改造自家的陽宅。

寫於筆者高雄工作室

目錄

第七章　玄空學堪輿之實例……三二四

第一章

陽宅派別概論

與其他的學派一樣，陽宅學也分成數種派門與學說，而現今大部分的堪輿家都以《八宅明鏡》、《魯班經》（又稱為《魯班木經匠家鏡》）的學說為基礎，並搭配我們在日常生活上常耳聞所謂的《陽宅通則》，來為主家堪輿陽宅並為其論斷吉凶禍福。其中《魯班經》及《陽宅通則》的論述，則是以「宅形」、「形法」為主，也就是以陽宅外形、結構形狀及與四周環境的互動關係為論述的重點，所強調的是有形、看得到的陽宅形體為主；至於《八宅明鏡》的論述，則是以「理氣」、「氣場」為主，也就是以陽宅無形的「磁場」、看不到的氣場為主。

然而就論述無形磁場的《八宅明鏡》而言，它的學理則是將陽宅的理氣、氣場分為坎（北）、離（南）、震（東）、巽（東南）、乾（西北）、坤（西南）、艮（東北）、兌（西）等八個方位，並且很簡單的將坎、離、震、巽這四個方位歸類於東方氣場的屬性，也就是所稱的「東四宅」，這四個方位就稱為「東四方」；另將乾、坤、艮、兌這四個方位歸類為西方氣場的屬性，也就是所稱的「西四宅」，這四個方位就稱為「西四方」。這即是所謂「東、西四宅」、《八宅明鏡》的堪輿二分法基本原理。

「東、西四宅」的學理並依男、女性別的不同，以「出生年」為依據，也是簡單的將人的氣場分為「東四命」與「西四命」。如果是「東四命」的人，他所居住陽宅的坐山方位同樣為「東四宅」方位的話，則這一間陽宅對他而言就是「吉宅」，且屬於東四宅方位的地方就是吉方，屬於西四宅方位的地方就是凶方，而陽宅重要部分如宅門、宅向、主臥房、井（水龍頭）、灶（有火口之炊具、瓦斯爐）、廁所（衛浴設備）、床、神位……等，就依其不同的屬性，分別安放於吉方或凶方的位置。

此東、西四方的吉凶方位又稱為「八卦遊年」方位，以伏位、生氣、延年、天醫等位置稱為四吉方，以五鬼、六煞、禍害、絕命等位置稱為四凶方。屬於「東四宅」的宅居，它的四吉方都在東四方的氣場處，四凶方則都在西四方的氣場處；同理，屬於「西四宅」的宅居，它的四吉方則都在西四方的氣場處，四凶方必位在東四方的氣場處。

此外就論述有形宅體的《魯班經》及《陽宅通則》，它們論述的內容也是我們經常在生活中或傳播媒體上所聽聞如「宅基不要前高後低」、「宅形不要呈現三角形」、「宅門不要開在右邊（虎邊），而要開在左邊（龍邊）」、「兩家大門不要相對」……等的說詞。

事實上像這樣簡單的將人分為東、西四命，並搭配《魯班經》、《陽宅通則》及東、西四宅而論斷吉凶的簡單二分法，依筆者的實務經驗而言，其驗證性、準確度並不高，且也不明顯，所以筆者完全不採用這一類論說為客戶做陽宅的堪輿。

筆者現今都是以「玄空學」挨星飛調九宮的學說來為客戶堪輿陽宅，它的驗證性、準確性非常的高，當一間舊宅經筆者在堪輿後的論斷述說，常讓客戶嘖嘖稱奇。本書所論述且要教導一般普羅大眾的內容，就是這一門「玄空學」的學問，筆者將在後述章節裡以深入淺出、圖文並茂的方式，來詳細的論述，也希望能帶給讀者您豐富的收穫，並對陽宅堪輿學有一番新的觀念。

筆者今先將陽宅通則及八卦遊年的論說書寫於前部，然後再就「玄空學」的學理論述，詳細的書寫於後部。

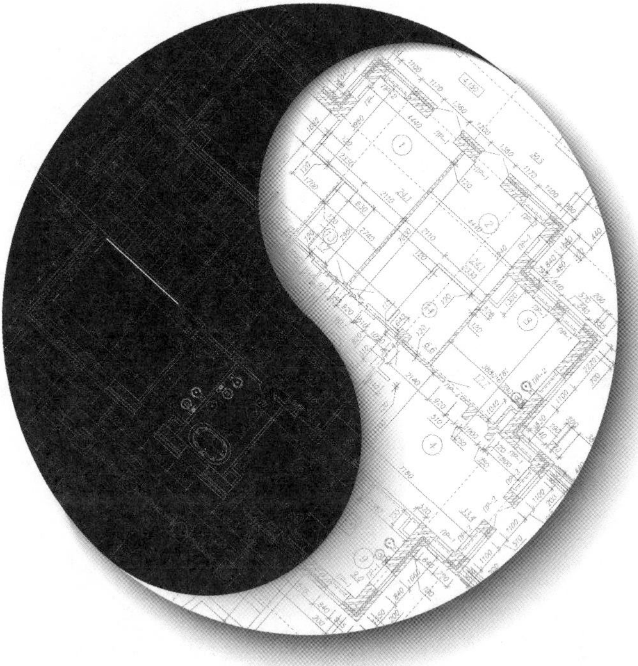

第二章

八宅明鏡

《八宅明鏡》一書是一部專論陽宅的堪輿書，為清朝「箬冠道人」所著。本書開宗明義即說：「人之生命不同、宅之宜忌各異，故祖孫或盛、或衰，父子或興、或廢，夫婦前後災祥不同，兄弟而孟仲休咎迥別，或居此處坎坷、或遷彼得安康，實皆命之合與不合，有以致之也。先賢說：『命不易知』，故從卦以演命之理、次從宅舍推事之宜，以合天命、庶得趍所宜，而不拂天地、八卦、五行所生之理，則清流奕世而祥萃當身矣。坎、離、震、巽為東四宅，而男女命以三元起例，吊至此四宮者為東四命；乾、坤、艮、兌為西四宅，而男女命以三元起例，吊至此四宮者為西四命。」

這一段的論述，將人的興衰福禍歸根於每一個人本命的不同，再配以居住處陽宅的合或不合，而有安康或坎坷、成功或失敗的差異。其中並將陽宅與人命分為「東、西四宅」與「東、西四命」，而來論其合或不合。至於「東、西四宅」與「東、西四命」的分法，今就分述於後：

一、東、西四宅

此法乃是將陽宅磁場分為乾、坤、艮、兌、坎、離、震、巽等八個方位，也就是說八個卦位、簡稱為八卦，其中每個卦位各管三山，故說八卦二十四山。八卦各主方位及管轄山位為（如左圖）：

乾卦位：在西北方、五行為金，管戌、乾、亥三山。

坤卦位：在西南方、五行為土，管未、坤、申三山。

艮卦位：在東北方、五行為土，管丑、艮、寅三山。

巽卦位：在東南方、五行為木，管辰、巽、巳三山。

坎卦位：在正北方、五行為水，管壬、子、癸三山。

離卦未：在正南方、五行為火，管丙、午、丁三山。

震卦位：在正東方、五行為木，管甲、卯、乙三山。

兌卦位：在正西方、五行為金，管庚、酉、辛三山。

◎其中坎、離、震、巽為東四宅，乾、坤、艮、兌為西四宅。

◎堪輿學之東西南北方位上的位置，與一般我們熟知的位置剛好是上下、左右相反，詳下圖。

※註：本圖最內圈所示之八卦爻象，乃為先天卦的爻象，因此讀者可以略而不用瞭解。

※註：至於實務上所用的後天卦爻象，筆者則書寫在下頁的表格中。有關這後天卦的五行、方位、爻象、口訣，請讀者務必熟讀。

這八卦的每一個卦位各有其一個對應的吉凶之方位，此八個吉凶方位就是天醫、伏位、生氣、延年、禍害、絕命、六煞、五鬼等，又稱為「八卦遊年吉凶方位」，其吉凶方位及含意各分別為：

1、四吉方：生氣、天醫、延年、伏位。

1、生氣方：凡事祈求氣息生旺，求財得財、求子有子之意。

2、天醫方：得貴人相助之力，凡事能逢凶化吉、趨吉避凶。

3、延年方：能益壽延年、身體健康、百病全無。

4、伏位方：諸事長久平安順遂、無災無殃。（為本宮卦象所在之方）

2、四凶方：禍害、六煞、五鬼、絕命。

1、禍害方：為官非訴訟、破敗損財之意。

2、六煞方：會遭遇水、火、盜賊、小偷等凶厄，且有意外大破敗之災。

3、五鬼方：容易遭逢小人而致官訟損財、事業關閉之災。

4、絕命方：易遭逢不測意外之災而致傷殘、重病或死亡。

其中有關八卦五行的東西四宅歸類、屬性及爻象分別為（※請讀者務必熟讀。）：

西四宅			
卦名	五行	方位	爻象、口訣
乾	金	西北方	☰：乾三連
坤	土	西南方	☷：坤六斷
艮	土	東北方	☶：艮覆碗
兌	金	正西方	☱：兌上缺

東四宅			
卦名	五行	方位	爻象、口訣
坎	水	正北方	☵：坎中滿
離	火	正南方	☲：離中虛
震	木	正東方	☳：震仰盂
巽	木	東南方	☴：巽下斷

前述簡單的以東、西四宅之是否同屬性而來為吉、凶方位的劃分、歸類，原則上這是給一般普羅大眾讀者比較簡單且易懂的一種論述。事實上就《八宅明鏡》上專業學理的論述，它是以先、後天卦彼此間「數理之合、五行生剋」之關係，而來為吉、凶方位的分別，它的原理如下：

1、先天之合為生氣；　2、後天之合為延年；

3、五數之合為天醫；　4、兩卦比和為伏位；

5、六親相刑為六煞；　6、剋破為禍害；

7、陽剋陽或陰剋陰為五鬼；　8、陰剋陽或陽剋陰為絕命。

◎關於這一段先後天與數理之合的論述，一般的讀者倒是可以不用去瞭解。

有關五行彼此間的生剋制化關係則為：

1、相生關係：金生水、水生木、木生火、火生土、土生金。

2、相剋關係：金剋木、木剋土、土剋水、水剋火、火剋金。

關於八卦遊年吉凶方位的由來，乃是八卦的每一卦象都有三個爻，分別是由陽爻（⚊）或陰爻（⚋）組成，以構成不同的卦象；在這三個爻之中，位居最上面的爻即稱為第一爻、在中間的爻稱為第二爻、在最下面的爻稱為第三爻。

因此每一個卦象看它是在第幾爻，由陽爻變陰爻、或是由陰爻變陽爻，而得出一個新卦象，並就原卦象與新卦象彼此間為東、西四宅的屬性來論斷吉凶。

本卦、伏位 / 變爻 新卦	變第一爻，為：生氣方	變第二爻，為：絕命方	變第三爻，為：禍害方	變一、二爻，為：五鬼方	變一、三爻，為：六煞方	變二、三爻，為：天醫方	三爻皆變，為：延年方
☰乾	☱兌	☲離	☴巽	☳震	☵坎	☶艮	☷坤
☷坤	☶艮	☵坎	☳震	☴巽	☲離	☱兌	☰乾
☶艮	☷坤	☴巽	☲離	☵坎	☳震	☰乾	☱兌
☱兌	☰乾	☳震	☵坎	☲離	☴巽	☷坤	☶艮
☵坎	☴巽	☷坤	☱兌	☶艮	☰乾	☳震	☲離
☲離	☳震	☰乾	☶艮	☱兌	☷坤	☴巽	☵坎
☳震	☲離	☱兌	☷坤	☰乾	☶艮	☵坎	☴巽
☴巽	☵坎	☶艮	☰乾	☷坤	☱兌	☲離	☳震

如果都同屬於東四宅或西四宅的卦象，就是吉利的方位；相反的，如果是分別各為東、西四宅的方位，就是凶禍的方位。

例如「乾」卦因上爻變動、陽爻（⚊）變陰爻（⚋），而變為「兌」卦者，此時「乾」與「兌」均同屬西四宅，所以「兌」就為吉利的方位；但如果「乾」卦因二爻變動而變「離」卦者，此時因「乾」為西四宅而「離」東四宅，所以「離」就為凶禍的方位。詳如右表。

由變卦表得知，東、西四宅各有其四吉利、四凶禍的方位，且各卦象的吉利與凶禍方位各有其所在位置，而其吉、凶方位所在位置，在《八宅明鏡》裡面有一段「遊年歌訣」的論述，內容為：

八宅明鏡原著歌訣	筆者稍微修改之歌訣	附註
坎艮震巽離坤兌，乾六天五禍絕延生。	乾坎艮震巽離坤兌，伏六天五禍絕延生。	乾卦歌訣
艮震巽離坤兌乾，坎五天生延絕禍六。	坎艮震巽離坤兌乾，伏五天生延絕禍六。	坎卦歌訣
震巽離坤兌乾坎，艮六絕禍生延天五。	艮震巽離坤兌乾坎，伏六絕禍生延天五。	艮卦歌訣
巽離坤兌乾坎艮，震延生禍絕五天六。	震巽離坤兌乾坎艮，伏延生禍絕五天六。	震卦歌訣
離坤兌乾坎艮震，巽天五六禍生絕延。	巽離坤兌乾坎艮震，伏天五六禍生絕延。	巽卦歌訣
坤兌乾坎艮震巽，離六五絕延禍生天。	離坤兌乾坎艮震巽，伏六五絕延禍生天。	離卦歌訣
兌乾坎艮震巽離，坤天延絕生禍五六。	坤兌乾坎艮震巽離，伏天延絕生禍五六。	坤卦歌訣
乾坎艮震巽離坤，兌生禍延絕六五天。	兌乾坎艮震巽離坤，伏生禍延絕六五天。	兌卦歌訣

這種文言文歌訣的內容，是古賢人一貫的寫法，有時候我們常要花費很多的時間才能瞭解歌訣的涵義，所以這也是導致五術方面的學術無法發揚且無法完全被社會大眾所認同的重要因素之一。

這遊年歌訣的原理，乃是以每一卦象的本宮位（如坎卦的本宮位即為坎宮）為伏位、為立基點，並以順時鐘方式去推排其他七卦與吉、凶方位所在位置的配置。

就原載歌訣，較為深奧難懂，所以筆者稍微的修改幾字，用白話及圖文並述的方式，將東、西四宅各所屬的吉、凶方位所在位置敘述於後，以使一般讀者能夠很容易的去瞭解它文內的涵義。

（一）東四宅：歌訣：震巽坎離是一家，西四宅爻莫犯它；若還一氣修成象，子孫興旺定榮華。

1、坎卦宅：歌訣：艮震巽離坤兌乾，坎五天生延絕禍六。（明鏡原著）

坎艮震巽離坤兌乾，伏五天生延絕禍六。（筆者修改）

註譯：就是以本卦所在之「坎宮」為伏位、為起始點，並以順時鐘的方式推排其他七卦的吉、凶方位，所以推排後的宮位與吉、凶配置即為：

坎宮→伏位；艮宮→五鬼；震宮→天醫；巽宮→生氣；離宮→延年；坤宮→絕命；兌宮→禍害；乾宮→六煞。

東四宅

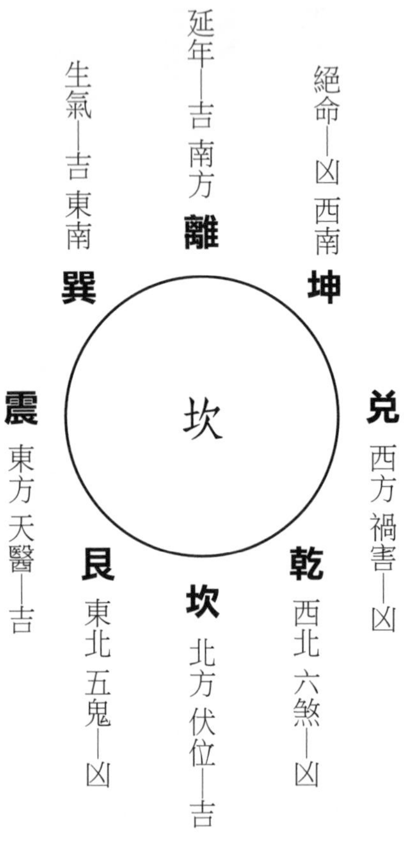

2、**離卦宅：歌訣：**坤兌乾坎艮震巽，離六五絕延禍生天。（明鏡原著）

離坤兌乾坎艮震巽，伏六五絕延禍生天。（筆者修改）

註譯：就是以本卦所在之「離宮」為伏位、為起始點，並以順時鐘的方式推排其他七卦的吉、凶方位，所以推排後的宮位與吉、凶配置即為：

離宮→伏位；坤宮→六煞；兌宮→五鬼；乾宮→絕命；

坎宮→延年；艮宮→禍害；震宮→生氣；巽宮→天醫。

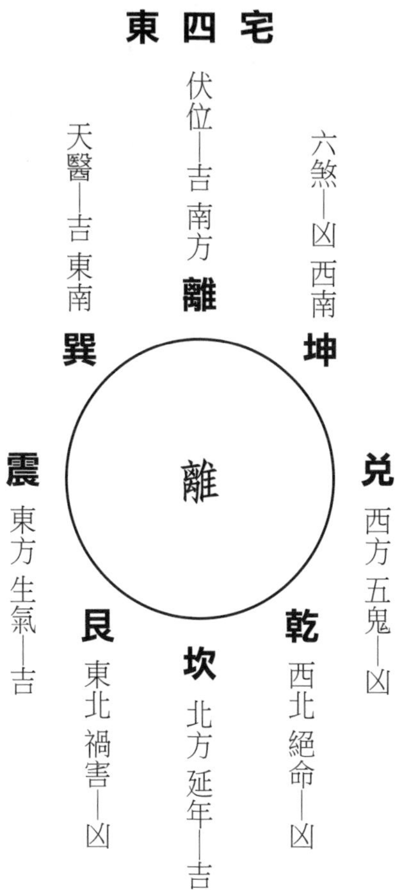

3、**震卦宅：歌訣：**巽離坤兌乾坎艮，震延生禍絕五天六。（明鏡原著）

震巽離坤兌乾坎艮，伏延生禍絕五天六。（筆者修改）

註譯：就是以本卦所在之「震宮」為伏位、為起始點，並以順時鐘的方式推排其他七卦的吉、凶方位，所以推排後的宮位與吉、凶配置即為：

震宮→伏位；巽宮→延年；離宮→生氣；坤宮→禍害；兌宮→絕命；乾宮→五鬼；坎宮→天醫；艮宮→六煞。

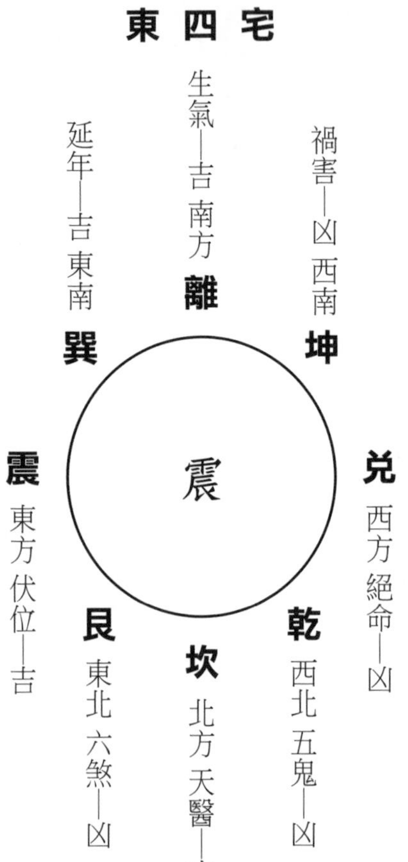

4、**巽卦宅：歌訣：**離坤兌乾坎艮震，巽天五六禍生絕延。（明鏡原著）

巽離坤兌乾坎艮震，伏天五六禍生絕延。（筆者修改）

註譯：就是以本卦所在之「巽宮」為伏位、為起始點，並以順時鐘的方式推排其他七卦的吉、凶方位，所以推排後的宮位與吉、凶配置即為：

巽宮→伏位；離宮→天醫；坤宮→五鬼；兌宮→六煞；乾宮→禍害；坎宮→生氣；艮宮→絕命；震宮→延年。

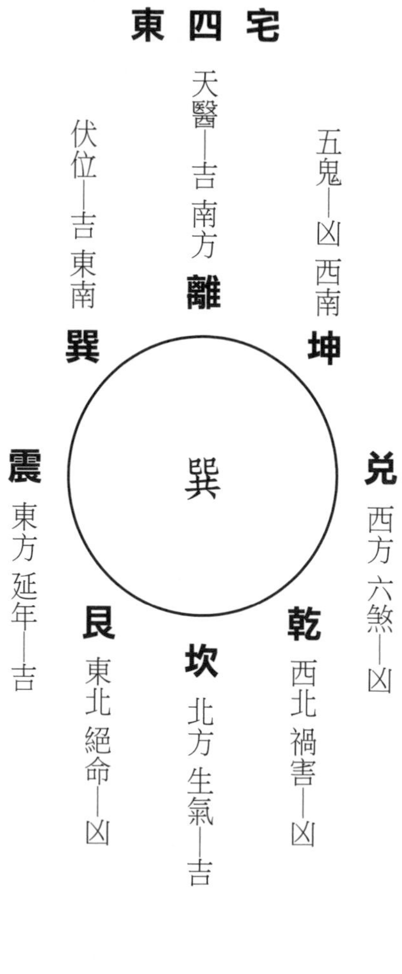

（二）西四宅：歌訣：乾坤艮兌四宅同，東四卦爻不可逢；誤將他象混一屋，人口傷亡禍必重。

5、乾卦宅：歌訣：坎艮震巽離坤兌，乾六天五禍絕延生。（明鏡原著）

乾坎艮震巽離坤兌，伏六天五禍絕延生。（筆者修改）

註譯：就是以本卦所在之「乾宮」為伏位、為起始點，並以順時鐘的方式推排其他七卦的吉、凶方位，所以推排後的宮位與吉、凶配置即為：

乾宮→伏位；坎宮→六煞；艮宮→天醫；震宮→五鬼；巽宮→禍害；離宮→絕命；坤宮→延年；兌宮→生氣。

西四宅

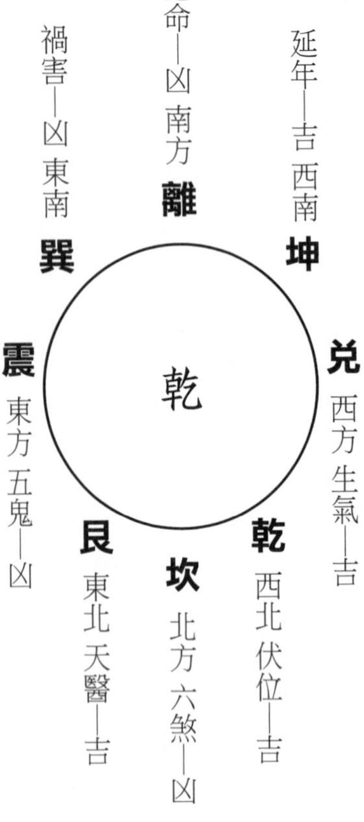

6、坤卦宅：歌訣：兌乾坎艮震巽離，坤天延絕生禍五六。（明鏡原著）

坤兌乾坎艮震巽離，伏天延絕生禍五六。（筆者修改）

註譯：就是以本卦所在之「坤宮」為伏位、為起始點，並以順時鐘的方式推排其他七卦的吉、凶方位，所以推排後的宮位與吉、凶配置即為：

坤宮→伏位；兌宮→天醫；乾宮→延年；坎宮→絕命；艮宮→生氣；震宮→禍害；巽宮→五鬼；離宮→六煞。

西四宅

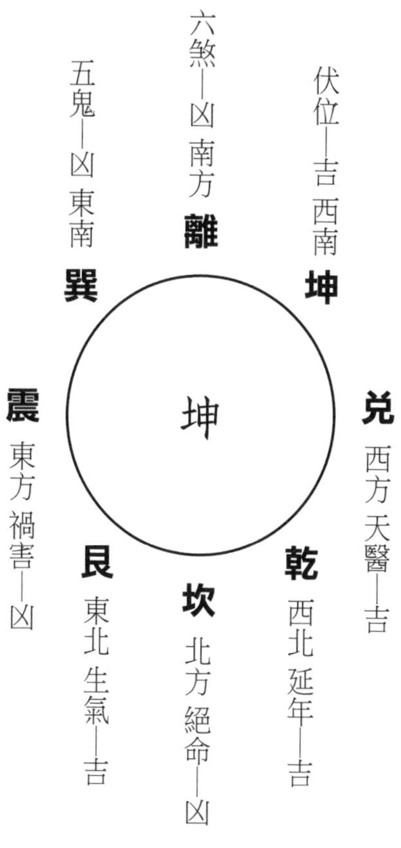

7、艮卦宅：歌訣：震巽離坤兌乾坎，艮六絕禍生延天五。（明鏡原著）

艮震巽離坤兌乾坎，伏六絕禍生延天五。（筆者修改）

註譯：就是以本卦所在之「艮宮」為伏位、為起始點，並以順時鐘的方式推排其他七卦的吉、凶方位，所以推排後的宮位與吉、凶配置即為：

艮宮→伏位；震宮→六煞；巽宮→絕命；離宮→禍害；

坤宮→生氣；兌宮→延年；乾宮→天醫；坎宮→五鬼。

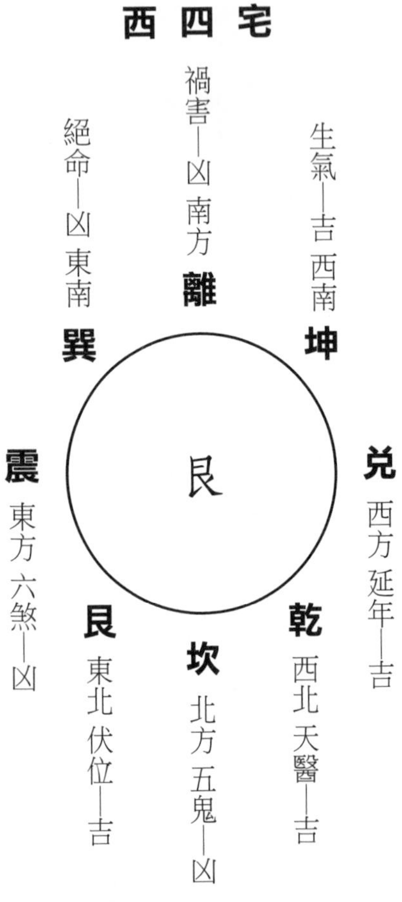

8、兌卦宅：歌訣：乾坎艮震巽離坤，兌生禍延絕六五天。（明鏡原著）

兌乾坎艮震巽離坤，伏生禍延絕六五天。（筆者修改）

註譯：就是以本卦所在之「兌宮」為伏位、為起始點，並以順時鐘的方式推排其他七卦的吉、凶方位，所以推排後的宮位與吉、凶配置即為：

兌宮→伏位；乾宮→生氣；坎宮→禍害；艮宮→延年；震宮→絕命；巽宮→六煞；離宮→五鬼；坤宮→天醫。

宅四西

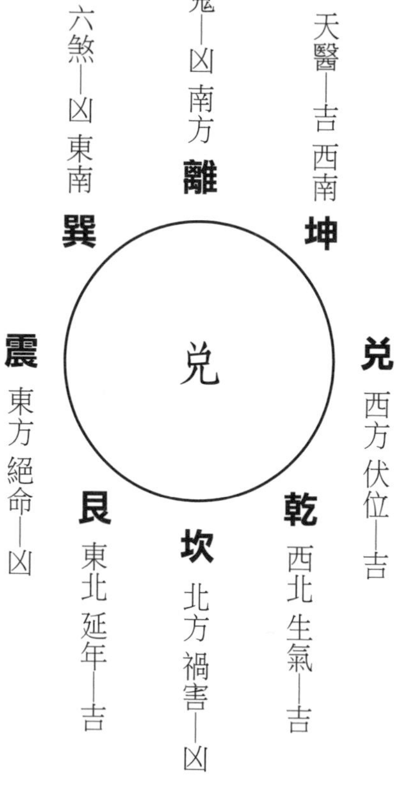

談了這麼多東、西四宅的分別，及其吉、凶方位的配置之後，讀者恐怕會問：「我們如何去判別自家的陽宅為東四宅或是西四宅，以及八卦遊年吉凶方位的位置在哪裡？」

筆者今將八卦在一個羅經（又稱為：羅盤）圓周（又稱為：周天）360度的範圍裡，各佔度數範圍分述如後，並附上一張羅經360度周天圖，以為對照之用，此時一般讀者只要到書局或文具行購買附有圓周360度表格的指南針或是附有電子羅盤的電子手錶即可，在實際測量自家大門的方位度數後（人站在大門後面，由內向外測量之），並對照左圖的度數表，即可知道自家的陽宅為東四宅或是西四宅；然後將該指南針自大門處以直線方式往後退，並看自家陽宅的中心點在何處，再以左、右平行移動的方式，置放於該自家陽宅的中心點，進而由此得出八卦方位的位置，也因而得出吉、凶方位的位置所在。（詳左例示範圖）

坎卦位：在正北方、管壬、子、癸三山。周天度數：337.5度~22.5度。共佔45度。

艮卦位：在東北方、管丑、艮、寅三山。周天度數：22.5度~67.5度。共佔45度。

震卦位：在正東方、管甲、卯、乙三山。周天度數：67.5度~112.5度。共佔45度。

巽卦位：在東南方、管辰、巽、巳三山。周天度數：112.5度~157.5度。共佔45度。

離卦位：在正南方、管丙、午、丁三山。周天度數：157.5度~202.5度。共佔45度。

坤卦位：在西南方、管未、坤、申三山。周天度數：202.5度~247.5度。共佔45度。
兌卦位：在正西方、管未、坤、申三山。周天度數：247.5度~292.5度。共佔45度。
乾卦位：在西北方、管戌、乾、亥三山。周天度數：292.5度~337.5度。共佔45度。

1、讀者首先將指南針（或羅盤）置放於陽宅大門處，由內向外測量圓周（或周天）的方位度數，以得知該陽宅是屬於東、西四宅的哪一個宅相。

2、然後再將指南針（或羅盤）移置於陽宅的中心點上（兩對角線的交叉點處），此時指南針的角度（方位度數）須與大門的度數一樣，並依此而求出陽宅的整個八卦方位與遊年吉、凶位置的所在。

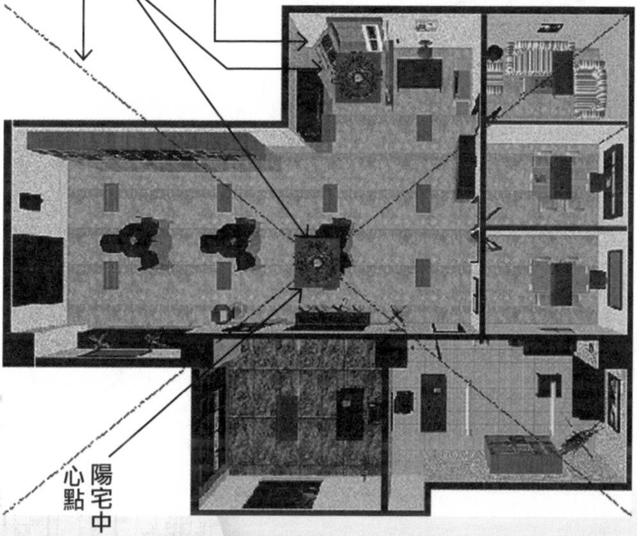

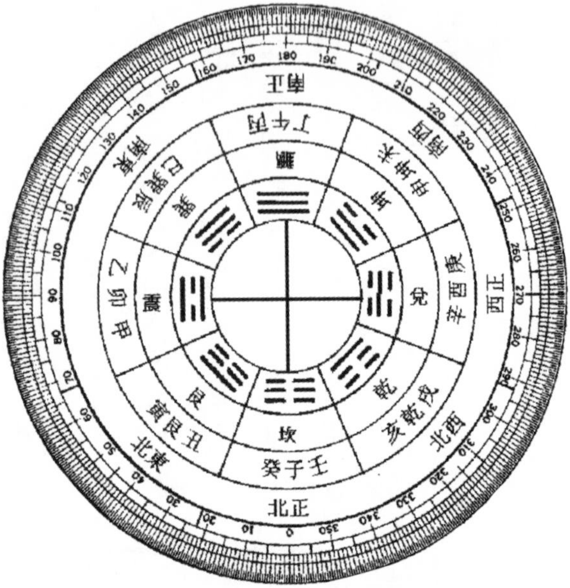

※360度周天羅盤圖、分度器。

二、東、西四命

東、西四命所要談的，乃是以「人」為主體，至於這個主體的對象，則是以一家之主為主，也就是以宅主的「出生年」為東、西四命認定的標準。

而這東、西四命認定標準的依據，係出於「洛書卦數」的原理，後天「洛書」將八卦分配八個數字，其分配之卦與數則為：坎↓一；坤↓二；震↓三；巽↓四；乾↓六；兌↓七；艮↓八；離↓九。如圖。

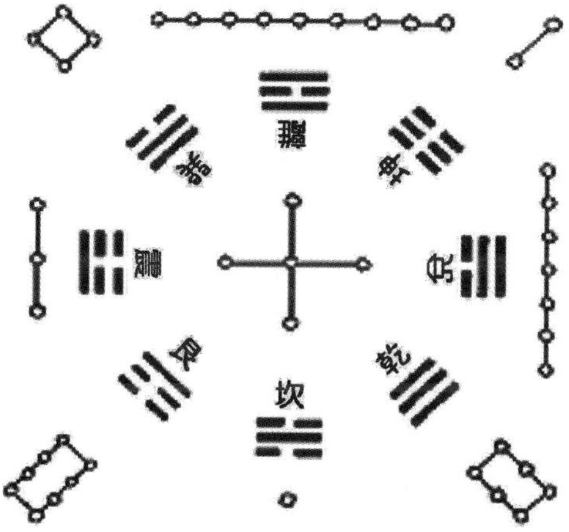

◎後天卦配「洛書」之數圖。
坎一、
坤二、
震三、
巽四、
乾六、
兌七、
艮八、
離九。

就宅主出生年、東西四命的分法，是以出生年為區分根據，由於每一年的流年是由一個天干與一個地支組合而成，例如民國九十年的流年即為辛巳年。組合成流年中的天干有十個字，即是甲乙丙丁戊己庚辛壬癸，而地支則有十二個字，即是子丑寅卯辰巳午未申酉戌亥，這天干、地支的最小公倍數為六十，所以每經過六十年之後，天干與地支的組合又會重新開始，而其干支組合字的開頭則是「甲子」，這也就是我們常常在說「一甲子為六十年」的由來。

因此之故，即將六十年做為一個單元，而地理的元運（俗稱：地運）又分為上元、中元與下元等三個元運，第一個六十年從甲子年起的循環，就稱為「上元」；第二個六十年一樣再從甲子年起循環，則稱為「中元」；同理，第三個六十年也從甲子年起循環，就稱為「下元」。下元運循環完以後，再從上元運起算，就這樣周而復始的循環下去。

至於三元運的起始、區分，分別如下：

1、上元運：從清朝同治3年起（一八六四年），到中華民國12年止（一九二三年）。

2、中元運：從中華民國13年起（一九二四年），到中華民國72年止（一九八三年）。

3、下元運：從中華民國73年起（一八六四年），到中華民國132年止（二〇四三年）。

這元運配屬流年的區分法，又因男、女性別的不同，雖在同一流年裡，也有不同配卦、不同東、西四命的區分法，例如民國八十九年屬庚辰年，男命即為離九、為東四命，女命則為乾六、為西四命。

東、西四命的區分法，《八宅明鏡》歌訣說：「上元甲子一宮連，中元起巽下兌間；上五中二下八女，男逆女順起根源。」此歌訣頗為複雜而難懂，筆者今以表格圖示如後，以便讀者參考對照之用：

		男（上中下）	女（上中下）
13·73	甲子年	一四七	五二八
14·74	乙丑年	九三六	六三九
15·75	丙寅年	八二五	七四一
16·76	丁卯年	七一四	八五二
17·77	戊辰年	六九三	九六三
18·78	己巳年	五八二	一四七
19·79	庚午年	四七一	二八五
20·80	辛未年	三六九	三九六
21·81	壬申年	二五八	四一七
22·82	癸酉年	一四七	五二八
23·83	甲戌年	九三六	六三九
24·84	乙亥年	八二五	七四一
25·85	丙子年	七一四	八五二
26·86	丁丑年	六九三	九六三
27·87	戊寅年	五八二	一七四
28·88	己卯年	四七一	二八五
29·89	庚辰年	三六九	三九六
30·90	辛巳年	二五八	四一七
31·91	壬午年	一四七	五二八
32·92	癸未年	九三六	六三九
33·93	甲申年	八二五	七四一
34·94	乙酉年	七一四	八五二
35·95	丙戌年	六九三	九六三
36·96	丁亥年	五八二	一七四
37·97	戊子年	四七一	二八五
38·98	己丑年	三六九	三九六
39·99	庚寅年	二五八	四一七
40·100	辛卯年	一四七	五二八
41·101	壬辰年	九三六	六三九
42·102	癸巳年	八二五	七四一

8·68·128 己未年 男：上九 中三 下六 女：上六 中三 下九	3·63·123 甲寅年 男：上五 中八 下二 女：上一 中七 下四	58·118 己酉年 男：上一 中四 下七 女：上五 中二 下八	53·113 甲辰年 男：上六 中九 下三 女：上九 中六 下三	48·108 己亥年 男：上二 中五 下八 女：上四 中一 下七	43·103 甲午年 男：上七 中一 下四 女：上八 中五 下二
9·69·129 庚申年 男：上八 中二 下五 女：上七 中四 下一	4·64·124 乙卯年 男：上四 中七 下一 女：上二 中八 下五	59·115 庚戌年 男：上九 中三 下六 女：上六 中三 下九	54·114 乙巳年 男：上五 中八 下二 女：上一 中七 下四	49·109 庚子年 男：上一 中四 下七 女：上五 中二 下八	44·104 乙未年 男：上六 中九 下三 女：上九 中六 下三
10·70·130 辛酉年 男：上七 中一 下四 女：上八 中五 下二	5·65·125 丙辰年 男：上三 中六 下九 女：上三 中九 下六	60·120 辛亥年 男：上八 中二 下五 女：上七 中四 下一	55·115 丙午年 男：上四 中七 下一 女：上二 中八 下五	50·110 辛丑年 男：上九 中三 下六 女：上六 中三 下九	45·105 丙申年 男：上五 中八 下二 女：上一 中七 下四
11·71·131 壬戌年 男：上六 中九 下三 女：上九 中六 下三	6·66·126 丁巳年 男：上二 中五 下八 女：上四 中一 下七	1·61·121 壬子年 男：上七 中一 下四 女：上八 中五 下二	56·116 丁未年 男：上三 中六 下九 女：上三 中九 下六	51·111 壬寅年 男：上八 中二 下五 女：上七 中四 下一	46·106 丁酉年 男：上四 中七 下一 女：上二 中八 下五
12·72·132 癸亥年 男：上五 中八 下二 女：上一 中七 下四	7·67·127 戊午年 男：上一 中四 下七 女：上五 中二 下八	2·62·122 癸丑年 男：上六 中九 下三 女：上九 中六 下三	57·117 戊申年 男：上二 中五 下八 女：上四 中一 下七	52·112 癸卯年 男：上七 中一 下四 女：上八 中五 下二	47·107 戊戌年 男：上三 中六 下九 女：上三 中九 下六

由前面的後天洛書卦數圖可以發現，裡面的數目並沒有「五」這個數目，這是因為在洛書的數目中，沒有五（中宮）的卦象位置，所以凡是流年數目逢到五的這個數字時，就要寄住別宮而用，且也要分男、女不同命而寄住不一樣的宮位。此寄住宮位的安置法，《八宅明鏡》歌訣曰：「一四七宮男起布，五二八宮女順推；男五寄二女寄八，甲子周轉本命尋。」依此歌訣的說法，凡男、女命的生年逢遇五（中宮）的流年時，就要寄在他宮而住，而男、女命就三元元運的不同，男命寄住二（坤）宮、女命寄住八（艮）宮之人，也各有不同的出生年：

1、上元男命出生年寄住「坤」宮者：己巳、戊寅、丁亥、丙申、甲寅、癸亥、乙巳。

2、上元女命出生年寄住「艮」宮者：甲子、癸酉、壬午、辛卯、庚子、己未、戊午。

3、中元男命出生年寄住「坤」宮者：壬申、辛巳、庚寅、己亥、戊申、乙巳。

4、中元女命出生年寄住「艮」宮者：丁卯、丙子、乙酉、甲午、癸酉、壬戌、辛酉。

5、下元男命出生年寄住「坤」宮者：丙寅、乙亥、甲申、癸巳、壬寅、辛亥、庚申。

6、下元女命出生年寄住「艮」宮者：庚午、己卯、戊子、丁酉、丙午、乙卯。

這個寄住宮位及男女東、西四命表格的論述，就一般讀者而言，要從其中得知讀者本身的出生年是屬哪一宮位、哪一四命，恐怕是較為困難且也不容易瞭解其論述的涵義，所以就前面的論述，以一般讀者而言，如果不能瞭解其中涵義，倒也無所謂。筆者今就「萬年曆」書中所記載男女東、西四命之歸屬，從民國十三以後的流年，以簡潔且詳明的表格列述於後，讀者只要知道自己的出生年是在民國幾年，再查照左表（**※甚為重要，請讀者務必仔細查照。**），即可知道自己是屬於哪一四命。

◎民國十三年起，男女東、西四命對照表（如以國曆的出生日期來對照，日期須正確無誤。此外，現今坊間所有之萬年曆一書，其所記載之入節·氣的時間，從民國75年起迄今年為止，都為錯誤的記載；本書則是根據中央氣象局所提供之最新、最正確的資料而為之記載。）：

民國13年農曆1月1日（國曆2月5日）早上9點50分以後出生。男命巽、東；女命坤、西。
民國14年農曆1月12日（國曆2月4日）下午3點37分以後出生。男命震、東；女命震、東。
民國15年（在民國14年農曆12月22日、國曆2月4日，晚上9點39分以後出生者），男命坤、西；女命巽、東。（這是因為農曆是以立春日為一年的開始，而非以正月一日開始。）
民國16年農曆1月4日（國曆2月5日）清晨3點31分以後出生。男命坎、東；女命艮、西。

民國17年農曆1月14日（國曆2月5日）清晨5點20分以後出生。男命離、東；女命乾、西。
民國18年（在民國17年農曆12月25日、國曆2月4日，下午3點09分以後出生者），男命艮、西；女命兌、西。
民國19年農曆1月6日（國曆2月4日）晚上8點52分以後出生。男命兌、西；女命艮、西。
民國20年（在民國19年農曆12月18日、國曆2月5日，清晨2點41分以後出生者），男命乾、西；女命離、東。
民國21年（在民國20年農曆12月29日、國曆2月5日，早上8點30分以後出生者），男命坤、西；女命坎、東。
民國22年農曆1月10日（國曆2月4日）下午2點10分以後出生。男命巽、東；女命坤、西。
民國23年（在民國22年農曆12月21日、國曆2月4日，晚上8點04分以後出生者），男命震、東；女命震、東。
民國24年農曆1月2日（國曆2月5日）清晨1點49分以後出生。男命坤、西；女命巽、東。
民國25年農曆1月13日（國曆2月5日）早上7點30分以後出生。男命坎、東；女命艮、西。
民國26年（在民國25年農曆12月23日、國曆2月4日，下午1點26分以後出生者），男命離、東；女命乾、西。
民國27年農曆1月5日（國曆2月4日）晚上7點15分以後出生。男命艮、西；女命兌、西。
民國28年（在民國17年農曆12月27日、國曆2月5日，清晨1點11分以後出生者），男命兌、西；女命艮、西。
民國29年（在民國28年農曆12月28日、國曆2月5日，早上7點08分以後出生者），男命乾、西；女命離、東。
民國30年農曆1月9日（國曆2月4日）中午12點50分以後出生。男命坤、西；女命坎、東。

民國31年（在民國30年農曆12月15日、國曆1月31日，晚上6點49分以後出生者），男命巽、東；女命坤、西。

民國32年農曆1月1日（國曆2月5日）凌晨0點41分以後出生。男命震、東；女命震、東。

民國33年農曆1月12日（國曆2月5日）清晨6點23分以後出生。男命坤、西；女命巽、東。

民國34年（在民國33年農曆12月22日、國曆2月4日，中午12點20分以後出生者），男命坎、東；女命艮、西。**（◎這一日坊間有數本萬年曆都誤寫為「21」點20分。）**

民國35年農曆1月3日（國曆2月4日）傍晚6點05分以後出生。男命離、東；女命乾、西。

民國36年農曆1月14日（國曆2月4日）晚上11點55分以後出生。男命艮、西；女命兌、西。

民國37年（在民國36年農曆12月26日、國曆2月5日，清晨5點43分以後出生者），男命兌、西；女命艮、西。（這是因為農曆是以立春日為一年的開始，而非以正月一日開始。）

民國38年農曆1月7日（國曆2月4日）晚上11點23分以後出生。男命乾、西；女命離、東。

民國39年（在民國38年農曆12月18日、國曆2月4日，傍晚5點21分以後出生者），男命坤、西；女命坎、東。

民國40年（在民國39年農曆12月28日、國曆2月4日，晚上11點14分以後出生者），男命巽、東；女命坤、西。

民國41年農曆1月10日（國曆2月5日）清晨4點54分以後出生。男命震、東；女命震、東。

民國42年（在民國41年農曆12月21日、國曆2月4日，早上10點46分以後出生者），男命坤、西；女命巽、東。

民國43年農曆1月2日（國曆2月4日）下午4點31分以後出生。男命坎、東；女命艮、西。
民國44年農曆1月12日（國曆2月4日）晚上10點18分以後出生。男命巽、東；女命離、東。
民國45年（在民國44年農曆12月24日、國曆2月5日，清晨4點13分以後出生者），男命艮、西；女命兌、西。
民國46年農曆1月5日（國曆2月4日）早上9點55分以後出生。男命兌、西；女命艮、西。
民國47年（在民國46年農曆12月16日、國曆2月4日，下午3點50分以後出生者），男命乾、西；女命離、東。
民國48年（在民國47年農曆12月27日、國曆2月4日，晚上9點43分以後出生者），男命坤、西；女命坎、東。
民國49年農曆1月9日（國曆2月5日）清晨3點23分以後出生。男命巽、東；女命坤、西。
民國50年（在民國49年農曆12月19日、國曆2月4日，早上9點23分以後出生者），男命巽、東；女命震、東。
民國51年（在民國50年農曆12月30日、國曆2月4日，下午3點18分以後出生者），男命坤、西；女命巽、東。
民國52年農曆1月11日（國曆2月4日）晚上9點08分以後出生。男命坎、東；女命艮、西。
民國53年（在民國52年農曆12月22日、國曆2月5日，清晨3點05分以後出生者），男命離、東；女命乾、西。
民國54年農曆1月3日（國曆2月4日）早上8點46分以後出生。男命艮、西；女命兌、西。

民國55年農曆1月15日（國曆2月4日）下午2點38分以後出生。男命兌、西；女命艮、西。
民國56年（在民國55年農曆12月25日、國曆2月4日，晚上8點31分以後出生者），男命乾、西；女命離、東。
民國57年農曆1月7日（國曆2月5日）清晨2點08分以後出生。男命坤、西；女命坎、東。
民國58年（在民國57年農曆12月18日、國曆2月4日，早上7點59分以後出生者），男命巽、東；女命坤、西。
民國59年（在民國58年農曆12月28日、國曆2月4日，下午1點46分以後出生者），男命震、東；女命震、東。
民國60年農曆1月9日（國曆2月4日）晚上7點26分以後出生。男命坤、西；女命巽、東。
民國61年（在民國60年農曆12月21日、國曆2月5日，清晨1點20分以後出生者），男命坎、東；女命艮、西。
民國62年農曆1月2日（國曆2月4日）早上7點04分以後出生。男命離、東；女命乾、西。
民國63年農曆1月13日（國曆2月4日）下午1點0分以後出生。男命艮、西；女命兌、西。
民國64年（在民國63年農曆12月24日、國曆2月4日，傍晚6點59分以後出生者），男命兌、西；女命艮、西。
民國65年農曆1月6日（國曆2月5日）凌晨0點40分以後出生。男命乾、西；女命離、東。
民國66年（在民國65年農曆12月17日、國曆2月4日，清晨6點34分以後出生者），男命坤、西；女命坎、東。

民國67年（在民國66年農曆12月27日、國曆2月4日，中午12點27分以後出生者），男命巽、東；女命坤、西。
民國68年農曆1月8日（國曆2月4日）傍晚6點13分以後出生。男命震、東；女命震、東。
民國69年（在民國68年農曆12月19日、國曆2月5日，凌晨0點10分以後出生者），男命坤、西；女命巽、東。
民國70年（在民國69年農曆12月30日、國曆2月4日，清晨5點56分以後出生者），男命坎、東；女命艮、西。
民國71年農曆1月11日（國曆2月4日）早上11點46分以後出生。男命離、東；女命乾、西。
民國72年（在民國71年農曆12月22日、國曆2月4日，傍晚5點40分以後出生者），男命艮、西；女命兌、西。
民國73年農曆1月3日（國曆2月4日）晚上11點19分以後出生。男命兌、西；女命艮、西。
民國74年（在民國73年農曆12月15日、國曆2月4日，清晨5點12分以後出生者），男命乾、西；女命離、東。
民國75年（在民國74年農曆12月26日、國曆2月4日，中午11點08分以後出生者），男命坤、西；女命坎、東。
民國76年農曆1月7日（國曆2月4日）下午4點52分以後出生。男命巽、東；女命坤、西。
民國77年（在民國76年農曆12月17日、國曆2月4日，晚上10點43分以後出生者），男命震、東；女命震、東。

民國78年（在民國77年農曆12月28日、國曆2月4日，清晨4點27分以後出生者），男命坤、西；女命巽、東。
民國79年農曆1月9日（國曆2月4日）早上10點14分以後出生。男命坎、東；女命艮、西。
民國80年（在民國79年農曆12月20日、國曆2月4日，下午4點08分以後出生者），男命離、東；女命乾、西。
民國81年農曆1月1日（國曆2月4日）晚上9點48分以後出生。男命艮、西；女命兌、西。
民國82年農曆1月13日（國曆2月4日）清晨3點37分以後出生。男命兌、西；女命艮、西。
民國83年（在民國82年農曆12月24日、國曆2月4日，早上9點31分以後出生者），男命乾、西；女命離、東。
民國84年農曆1月5日（國曆2月4日）下午3點13分以後出生。男命坤、西；女命坎、東。
民國85年（在民國84年農曆12月16日、國曆2月4日，晚上9點08分以後出生者），男命巽、東；女命坤、西。
民國86年（在民國85年農曆12月27日、國曆2月4日，清晨3點02分以後出生者），男命震、東；女命震、東。
民國87年農曆1月8日（國曆2月4日）早上8點57分以後出生。男命坤、西；女命巽、東。
民國88年（在民國87年農曆12月19日、國曆2月4日，下午2點57分以後出生者），男命坎、東；女命艮、西。

民國89年（在民國88年農曆12月29日、國曆2月4日，晚上8點40分以後出生者），男命離、東；女命乾、西。
民國90年農曆1月12日（國曆2月4日）清晨2點29分以後出生。男命艮、西；女命兌、西。
民國91年（在民國90年農曆12月23日、國曆2月4日，早上8點24分以後出生者），男命兌、西；女命艮、西。
民國92年農曆1月4日（國曆2月4日）下午2點05分以後出生。男命乾、西；女命離、東。
民國93年農曆1月14日（國曆2月4日）晚上7點56分以後出生。男命坤、西；女命坎、東。
民國94年（在民國93年農曆12月26日、國曆2月4日，清晨1點34分以後出生者），男命巽、東；女命坤、西。
民國95年農曆1月7日（國曆2月4日）早上7點25分以後出生。男命震、東；女命震、東。
民國96年（在民國95年農曆12月17日、國曆2月4日，下午1點14分以後出生者），男命坤、西；女命巽、東。
民國97年（在民國96年農曆12月28日、國曆2月4日，晚上7點03分以後出生者），男命坎、東；女命艮、西。
民國98年農曆1月10日（國曆2月4日）凌晨0點52分以後出生。男命離、東；女命乾、西。
民國99年（在民國98年農曆12月21日、國曆2月4日，清晨6點42分以後出生者），男命艮、西；女命兌、西。
民國100年農曆1月2日（國曆2月4日）中午12點32分以後出生。男命兌、西；女命艮、西。

民國101年農曆1月13日（國曆2月4日）下午6點40分以後出生。男命乾、西；女命離、東。

民國102年（在民國101年農曆12月24日、國曆2月4日，凌晨0點31分以後出生者），男命坤、西；女命坎、東。

民國103年農曆1月5日（國曆2月4日）清晨6點21分以後出生。男命巽、東；女命坤、西。

民國104年（在民國103年農曆12月16日、國曆2月4日，中午12點09分以後出生者），男命震、東；女命震、東。

民國105年（在民國104年農曆12月26日、國曆2月4日，傍晚6點0分以後出生者），男命坤、西；女命巽、東。

民國106年農曆1月7日（國曆2月3日）晚上11點49分以後出生。男命坎、東；女命艮、西。

民國107年（在民國106年農曆12月19日、國曆2月4日，清晨5點38分以後出生者），男命離、東；女命乾、西。

民國108年（在民國107年農曆12月30日、國曆2月4日，中午11點28分以後出生者），男命艮、西；女命兌、西。

民國109年農曆1月11日（國曆2月4日）傍晚5點18分以後出生。男命兌、西；女命艮、西。

民國110年（在民國109年農曆12月22日、國曆2月3日，晚上11點08分以後出生者），男命乾、西；女命離、東。**（◎這一日，坊間有數本萬年曆都誤寫為「22」點。）**

民國111年農曆1月4日（國曆2月4日）清晨4點58分以後出生。男命坤、西；女命坎、東。

民國112年農曆1月14日（國曆2月4日）早上10點47分以後出生。男命巽、東；女命坤、西。

民國113年（在民國112年農曆12月25日、國曆2月4日，下午4點37分以後出生者），男命震、東；女命震、東。
民國114年農曆1月6日（國曆2月3日）晚上10點27分以後出生。男命坤、西；女命巽、東。
民國115年（在民國114年農曆12月17日、國曆2月4日，清晨4點16分以後出生者），男命坎、東；女命艮、西。
民國116年（在民國115年農曆12月28日、國曆2月4日，早上10點06分以後出生者），男命離、東；女命乾、西。
民國117年農曆1月10日（國曆2月4日）下午3點56分以後出生。男命艮、西；女命兌、西。
民國118年（在民國117年農曆12月20日、國曆2月3日，晚上9點45分以後出生者），男命兌、西；女命艮、西。
民國119年農曆1月3日（國曆2月4日）清晨3點35分以後出生。男命乾、西；女命離、東。
民國120年農曆1月13日（國曆2月4日）早上9點25分以後出生。男命坤、西；女命坎、東。
民國121年（在民國120年農曆12月23日、國曆2月4日，下午3點14分以後出生者），男命巽、東；女命坤、西。

三、宅、命的修造

《八宅明鏡》的論述，除了宅主本命與陽宅東、西卦象要搭配之外，再來要修造的就是門路、灶台、井、坑廁、床、香火等。今分述如後：

1、福元：

《八宅明鏡》說：「宅之坐山為福德宮，人各有所宜。東四命居東四宅、西四命居西四宅，是為得福元。如西而居東、東而居西，方雖或吉，不受福也。如東西之宅難改，當於大門改之；如大門難改，當移其房之吉以位之；如房不可易，當移其床以就其吉。則雖屬無力貧家，亦可邀福也。」

本文再次強調了東西四宅、命搭配的重要性，宅、命如果無法搭配時，則唯有修改大門、或是換房間、或是移動床位……等方式，以求達到修造的目的；如果能做到其中部分的修造時，即使是貧窮人家也能獲得福元之氣。

2、門路：

《八宅明鏡》說：「宅無吉凶，以門路為吉凶。蓋在坐山及宅主本命之生、天、延三吉方，則吉氣入宅。」又說：「門有五種，大門、中門、總門、便門、房門是也。大門者，合宅之外大門也，最為緊要，宜開本宅之上吉方。中門者，在大門之內、廳之外，即儀門是也，關係略輕。……若無兩重門，則中門即大門，又必要上吉方。」

又說：「大門當安於本命之四吉方、不可安於本命之四凶方，又須合青龍坐山之吉方以開門，又宜迎來水之吉以立門。三者俱全，則得福而奕世流芳矣。」由於大門是一家出入的門戶，所有氣場的吐納、進出全在大門，所以大門一定要安在生氣、延年、天醫、伏位等四吉方，切忌安在其餘的四凶方。

就大門的安置法，除了運用八卦遊年吉凶法之外，先賢又引用另一本更為完美開門法的著作，這一本著作就是《玉輦經》。從前面的敘述中我們已經知道，地學堪輿的磁場共有八個卦象，而每一個卦象又各管轄三個山向（一個坐山必有一個朝向），所以全部共有二十四個山向。

在先賢所著的這本《玉輦經》，就是根據陰陽宅坐山、朝向而排定二十四個吉凶方位，分別為：福德、瘟疫、進財、長病、訴訟、官爵、官貴、自吊、旺壓、興福、法場、癲狂、口舌、旺蠶、進田、哭泣、孤寡、榮福、少亡、娼淫、姻親、歡樂、絕敗。

這二十四方位以福德為排頭，並依順時針的方向，依序排定二十四吉凶方位，至於每一卦象裡的二十四山要以哪一山做為福德方的起始方位，我們可從《玉輦經》裡的歌訣而得知。

歌訣說：「乾亥戌山（乾卦）從巳起，坎癸壬地（坎卦）向申求，兌庚辛來（兌卦）逢庚起，坤未申山（坤卦）壬上尋，離丙丁卦（離卦）是丁位，巽巳辰身（巽卦）坤為首，艮丑寅山（艮卦）逢亥處，震卯乙地（震卦）向寅尋。」

這一首歌訣看似饒舌，但只要仔細詳讀後，也能夠很容易瞭解其中的涵義。筆者先就此二十四吉凶方位開門的剋應情形分述於後，再以圖例來說明每一卦象最適合的開門方位。

（1）二十四方位開門吉凶剋應：

1、福德門：在此方開門，為大吉大利之門，主升官發財、財源豐厚、鴻圖大展。

2、**瘟疫門**：在此方開門，為不祥之兆，主家人疾病叢生、謀事困頓、敗財退業。

3、**進財門**：在此方開門，為生意興隆，主財源廣進、財名雙得。

4、**長病門**：在此方開門，為疾病纏綿，主破財、病痛纏身、口舌是非不斷。

5、**訴訟門**：在此方開門，為官非破財，主家人官訟不斷、橫禍災煞臨身、不得安寧。

6、**官爵門**：在此方開門，為升官進爵，主官運亨通、財丁兩旺、升官發財。

7、**官貴門**：在此方開門，為貴人相助，主得貴人提拔、官運亨通、事業發達。

8、**自弔門**：在此方開門，為氣運阻絕，主運勢不通、災厄不斷、禍害橫生。

9、**旺壓門**：在此方開門，為氣運旺盛，主事事如意、業務蒸蒸日上、人宅兩安。

10、**興福門**：在此方開門，為福運興隆，主事業新契機、事業新開創、家中添人丁。

11、**法場門**：在此方開門，為災刑禍事，主遭受官災、刑訟、槍斃、女人不貞之禍。

12、**癲狂門**：在此方開門，為精神錯亂，主人神智不清、癲狂淫亂、六親不存。

13、**口舌門**：在此方開門，為口角相鬥，主是非口舌、小人陷害、或生忤逆不孝子女。

14、**旺蠶門**：在此方開門，為六畜興旺，主生意興隆、貨物流暢、財源廣進。

15、**進田門**：在此方開門，為廣置產業，主獲利豐厚、購田進產、六畜興旺。

16、哭泣門：在此方開門，為傷亡早夭，主家人不安、早夭短壽、疾病不斷、破業敗財。

17、孤寡門：在此方開門，為孤苦伶仃，主鰥夫寡婦、孤苦無依、貧窮破敗。

18、榮福門：在此方開門，為福祿雙喜，主升官進爵、財官兩得、名利雙收。

19、少亡門：在此方開門，為幼子難養，主家人不安、疾病叢生、小兒多病災。

20、娼淫門：在此方開門，為淫亂敗節，主男貪女歡、不知守節、荒淫無度。

21、親姻門：在此方開門，為喜上加喜，主男婚女嫁、添丁進財、喜事連連。

22、歡樂門：在此方開門，為優遊自在，主家運亨通、家人運勢通暢、喜氣洋洋。

23、敗絕門：在此方開門，為敗滅亡絕，主人絕財破、家運一蹶不振、子孫難存。

24、旺財門：在此方開門，為財滿倉盈，主財源滾滾而入、事業獲利豐厚、一生富貴榮華。

（2）八卦宅向開門吉利方位：

1、乾卦宅：《玉輦經》起福德方歌訣：「乾亥戌山從巳起。」

◎以宅向而言，巽山雖是旺氣之方，但在八卦遊年裡，巽卦是乾宮的「禍害」，所以不宜開門。

◎最適宜開門之處，是為右前方的「巳山」、福德方。

◎其次，也可以在右邊坤、申兩吉利方位處，開一扇腰門。

◎關於開腰門之法，《八宅明鏡》說：「凡開腰門，必將羅經格定、量準丈尺，方可開。方法：以後棟之屋簷樑至前棟之前簷，如得六十丈，則於三十丈下羅經，取吉方開門。」

2、坎卦宅：《玉輦經》

起福德方歌訣：「坎癸壬地向申求。」

◎以宅向而言，右前方之丁山為歡樂方位，可在此開一大門。

◎最適宜開大門的地方是在更右方的申山、福德方，或是在更左方的巽山、榮福方。

3、兌卦宅：《玉輦經》

起福德方歌訣：「兌庚辛來逢庚起。」

◎以宅向而言，正前方的卯山、旺蠶方，及右前方的乙山、進田方，都是最吉利的方位。

◎在本宮的庚山、福德方之處，也可開一後門，以求吉氣入門。

4、坤卦宅：《玉輦經》

起福德方歌訣：「坤未申山壬上尋。」

◎以宅向而言，右前方的寅山、官爵方，為最吉利的開門之方。

◎可在更左方的壬山、福德方之處開一腰門，以迎吉氣入門。

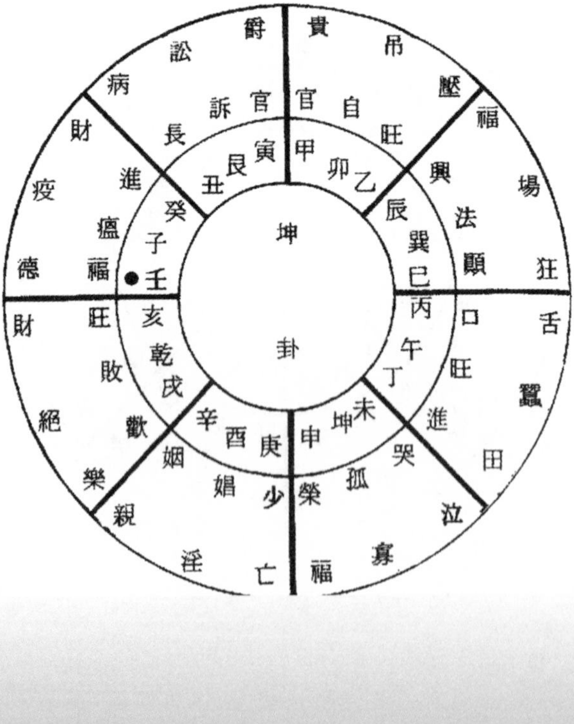

5、離卦宅：《玉輦經》

起福德方歌訣：「離丙丁卦是丁位。」

◎以宅向而言，正前方的坎宮都為凶方，所以不宜開門；大門最適宜開在右邊的丑山、旺蠶方，或是開在左邊的亥山、與福方。

◎也可在本宮位的丁山、福德方開一後門，以迎吉氣入門。

6、巽卦宅：《玉輦經》

起福德方歌訣：「巽巳辰申坤為首。」

◎以宅向而言，正前方的乾山、官貴方，雖為吉利的方位，但是乾卦為巽宮的「禍害」，所以不要在此處開大門。

◎大門可以開在左前方的戌山、官爵方。

◎可在更左邊的坤山、福德方處開一腰門，以迎吉氣入門。

7、艮卦宅：《玉輦經》起福德方歌訣：「艮丑寅山逢亥處。」

◎以宅向而言，正前方的坤山、榮福方，為開大門最吉利的方位。

◎也可在本宮位的寅山、官貴方處開一後門，以迎吉氣入門。

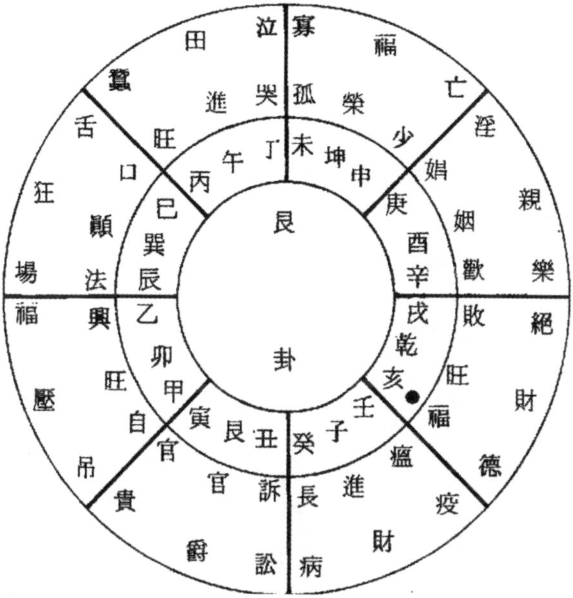

8、震卦宅：《玉輦經》

起福德方歌訣：「震卯乙地向寅尋。」

◎以宅向而言，正前方的酉山、進田方，及庚山、旺蠶方，都是最吉利的開門處。

◎也可在寅山、福德方開一後門，以迎吉氣入門。

3、灶座、火門：

灶座就是灶台，而火門就是灶口。以八卦遊年而言，灶台不能安置在四吉方位上，而是要安置於四凶方位處，但就今日的二十一世紀而言，幾乎已不再使用灶台，而都改用瓦斯爐做為廚房的烹調器具，因此我們可以將瓦斯爐代替古時的灶台，另外也不必再去談論灶口，因為瓦斯爐的火口都設計在爐台的上方，所以只需就瓦斯爐安置的方位而來論其吉凶剋應即可。《八宅明鏡》就灶台（瓦斯爐）安置於四吉、四凶方處，所產生的吉凶剋應有如下說明：

a、灶台置放於本命的「生氣方」，主女人無法懷孕、或是墮胎、即使有子也不聰明、不招人口、田畜損敗、破財。

b、灶台置放於本命的「天醫方」，主家人久病臥床、體弱、服藥無效。

c、灶台置放於本命的「延年方」，主家人無壽而早夭、婚姻難成、夫婦不和、傷人口、損田畜、多病困窘。

d、灶台置放於本命的「伏位方」，主宅主無財無壽、一生貧困。

e、灶台置放於本命的「絕命方」，主宅主無病有壽、多子發財、招奴婢、無災厄。

f、灶台置放於本命的「六煞方」，主丁財兩旺、無病無訟、無災無厄、家人安穩。

g、灶台置放於本命的「禍害方」，主無病無訟、不退財、家人不受意外之傷害。

h、灶台置放於本命的「五鬼方」，主不受盜賊侵犯、無災厄、財源廣進、田畜大旺。

4、井、水龍頭：

就古時候的農村社會結構而言，這個「取水之井」是當時生活上一個非常重要的陽宅結構物之一，先祖們非常重視井的安置吉凶方位；但在現今的工商科技社會結構下，「取水之井」已經逐漸消失，目前可能存在於較為偏僻的鄉村小鎮或是因特殊用途之需而開鑿。因此現今我們談到出水之處，只需以水龍頭安置的位置來論斷吉凶即可，而此吉凶方位的論斷法，先賢著有歌訣可供安置之用。歌訣說：

a、寅申得財卯辰富：午山或子山的陽宅，若在寅申卯辰等方安裝水龍頭，主富裕。

b、艮乙失火及疾病：所有的陽宅都不可在艮、乙兩方安裝水龍頭，以免火災、疾病。

c、子癸坤宮家貧病：坐坤山艮向的陽宅，若在子癸坤等方安裝水龍頭，主貧病叢生。

d、丑傷六畜盈難存：坐乾山巽向的陽宅，若在丑方安裝水龍頭，主六畜傷、財難存。

e、巳丙益財庚大吉：坐卯山酉向的陽宅，若在巳丙庚等方安裝水龍頭，主進財大吉。

f、如逢午位得兒孫：所有的陽宅都可在午方安裝水龍頭，主可得子孫、人丁旺盛。

g、辛丁酉方為疾病：坐子山午向的陽宅，若在辛丁酉方安裝水龍頭，主疾病纏身。

h、申巽及戌不為殃：所有的陽宅都可在申巽戌方安裝水龍頭，主諸事順遂、無災殃。

5、廁所：

《八宅明鏡》說：「凡出穢之坑廁，壓於本命之凶方，鎮住凶神，反發大福。」以坑廁置放於四凶方處，其用意就是要以坑廁的臭氣去壓制凶方之煞，以求平安。所以東四宅、東四命之人，其居宅的廁所要建造在位於西四方方位的地方；同理，西四宅、西四命之人，其居宅的廁所要建造在位於東四方方位的地方。

6、碓磨：

碓磨，這是一種用來舂米、去穀殼的器具，同樣的以現今社會而言，在一般的家庭裡可以說都不可能會再使用這種器具了，所以在此就不加以贅述。上述的「門、路、灶、井、廁、碓磨」等六種陽宅建造格局，在東、西四宅的堪輿學方面，統稱為「陽宅六事」。

7、香火：

這裡所說的香火，當然是指我門敬拜神明與奉祀祖先的香火，就其安放位置，《八宅明鏡》說：「土地祠神、祖先祠堂，皆香火也。安於本命之吉方則得福、凶方必有咎。」可知，香火一樣要安放在宅主年命的四吉方位上才可獲福；至於其吉、凶方位，詳前表可知。

8、安床：

「床位」雖不在陽宅六事之行列中，然而它卻是跟我們與生帶來的磁場有非常密切的關係；由於一天24小時之中，我們幾乎有7～8個小時都躺在床上睡覺，且在睡覺之時也是我們精神最放鬆的時候，這時候我們的磁場也是最容易受到外界影響的時刻，所以床位安放得宜與否，也關係到一個人身體健康、精神狀況的良窳，甚至會影響到夫妻彼此之間的感情。

至於床位的安放位置，《八宅明鏡》說：「安床不宜擔樑(註一)，後擔樑屬陰，主鬼魅壓鎮；前擔樑屬陽，主有噯氣疾。」又說：「安床在生氣方，不可稍偏。」

由此可知，床位不可以安在屋樑下，而要安在宅、命的生氣方位；但是以今日房子而言，幾乎都是由建設公司蓋好後再出售，所以在客觀情形之下，並無法要求每一個床位都能安在生氣方位，因此床位若安在宅、命的其他三吉方位上，也是可以獲致福吉的效應。

◎安床方位表：

東四命	生氣方	床頭位	床尾向
坎命人	巽方、東南方	東南方 北方 南方 東方	西北方 南方 北方 西方
離命人	震方、正東方	東南方 北方 南方 東方	南方 北方 西方 西北方
震命人	離方、正南方	東南方 北方 南方 東方	南方 北方 西方 西北方
巽命人	坎方、正北方	東南方 北方 南方 東方	西北方 南方 北方 西方

西四命	生氣方	床頭位	床尾向
乾命人	兌方、正西方	東北方 西南方 西北方 西方	西南方 東北方 東南方 東方
坤命人	艮方、東北方	西南方 西北方 西方 東北方	西南方 東北方 東南方 東方
艮命人	坤方、西南方	西南方 西北方 西方 東北方	西南方 東北方 東南方 東方
兌命人	乾方、西北方	東北方 西南方 西北方 西方	西南方 東北方 東南方 東方

◎註一：所謂擔樑，即是指位在房屋裡的橫樑之下。由於屋樑係一從天花板向下突出的橫木或是鋼筋水泥結構，對人都會造成生理與心理上不良的影響，因此不管是床位、書桌、餐桌、或是沙發……等，都不宜擺放在屋樑之下，以免造成不良的影響。

9、形勢：

所謂形勢，是指陽宅本身建築的造型、地基與周圍環境間的關係而言。就陽宅各種形勢的吉凶好壞，《八宅明鏡》也有其論述，其內容為：「凡陽宅需地基方正，入眼好看方吉。如太高、太闊、太卑小、或東拉西拉、東盈西縮，定損財丁。經云：『屋形端肅，氣象豪雄』。拊從整肅，貴宅也。牆垣周密、四壁光明、天井明清、規矩翕聚，富貴宅也。南北皆堂、東西易向、勢如爭競、左右雄昂，忤逆宅也。屋小而高、孤立無依、四邊無拊，孤寒宅也。東倒西傾、棟折樑斜、風吹雨潑，病痛宅也。屋宇黑暗、太闊太狹，妖怪宅也。屋宇不整、四壁碎破、椽頭露齒，零丁宅也。基地太高、屋前深、屋後陷、四水不聚、蕩無收拾，貧窮宅也。屋高地窄者，人財兩退；屋矮地闊者，一代發福。」

這一段就陽宅形勢的論述，甚為簡潔易懂，對一般讀者而言，應是能夠清楚瞭解其中的涵義，所以筆者也不再註解。

以上是《八宅明鏡》就陽宅堪輿的學理論述，筆者以盡可能簡潔、白話且易懂的方式來撰寫，也希望一般普羅大眾能夠瞭解其內容，從而對陽宅堪輿學能有更為深入的認識，而不至於人云亦云。

另外《八宅明鏡》就陽宅因本身及周圍環境所產生的煞氣，也有相關的論述，筆者將於後章的「陽宅通則」章節裡再一併論述。

人生的價值

如果你在精神力量和人生觀等宗旨方面每日有所發展，你會發覺人生是很有價值的。

如果你繼續不斷能夠表現人格的美麗和莊嚴，你的人生也是很有價值的。

如果你每日為別人效勞、服務大家，則你的人生也是很有價值的。

如果你以不變的信仰應付每一種責任、義務和環境，那你的人生也是很有價值的。

如果你以真理和正義繼續進步，你的人生也是很有價值的。

世界上雖有罪惡、疾病和其他的不幸，而你仍能保持光明和健全，如此你一生的人生也是非常有價值的。

第三章

魯班經

目前在我們日常生活中，大部分的人還是會相信風水堪輿的好壞，會對我們產生相當程度的影響，而不管在堪輿前或是堪輿後，一定都會使用到與土木建築有關的事項；當在營修建造之時，就一定會使用到尺、規之類的工具，其中在使用「尺」的工具時，我們一定會要求對該將要修造之器物，不管高度或是長度，它的尺寸絕對要符合「尺」上面所記載吉利數字的位置，而不要落在凶害數字的位置上。這一把有記載著吉凶尺寸的「尺」，就是我們經常聽到、也經常說到的「門公尺」、「魯班尺」。

「魯班」先師，他本名姓「公輸」、字「依智」，為「魯」國東平村人，生於魯定公三年（甲戌年）五月七日午時。他是中國古時建築業的祖師，頗受歷代以來建築業人士的推崇，尤其是每在營造、修建一棟屋宇時，都會焚香禱告，祈求「魯班」先師能庇祐，以祈求工事順利，由此可知他受人尊敬的程度。

由於「魯班」先師是以「建築工事」為專長，所以他所編撰的《魯班木經匠家鏡》這本書，除了就「尺規」分寸間的吉凶，有詳細描述之外；其次有關陽宅方面吉凶的論述，則是以陽宅屋形、建築物整體造型等，與四周環境彼此間的互動關係而產生吉凶效應情形，做為撰寫的內容；至於有關「陽宅六事」等方面的堪輿事項，則完全隻字未提。

一、魯班尺

《魯班經》說：「魯班尺乃有曲尺，一尺四寸四分，其尺間有八寸一寸；堆曲尺，一寸八分內有財、病、離、義、官、劫、害、吉也。」這一段話的意思就是說總長為一尺四寸四分（註：一尺為十寸、一寸為十分），而以一寸八分做為一個單節，並將總長一尺四寸四分除以一寸八分，共得八個單節，所以就將這八個單節分成「財、病、離、義、官、劫、害、吉」等八個部分。詳左圖。

◎魯班真尺圖：

財
病
離
義
官
劫
害
吉

二、魯班尺八字歌訣

大體而言，一般人雖然都知道「門公尺」就是在定義一定長度或距離之間，所產生吉凶好壞的效應，而且每當在擺設桌子、神櫃位置，或是在裝修居家的櫥櫃……等時，都會要求其擺設或裝修的尺寸，能夠符合「門公尺」上吉利位置的尺寸。但是話說回來，能夠知道「門公尺」上有哪些吉凶的字義，及各個字義本身的涵義為何，除了專業從業人員外，一般人恐怕都不瞭解「門公尺」的內容。

筆者今就《魯班經》內有關門公尺的歌訣分述如後，以便讀者能更瞭解門公尺上各個字義涵義，如此以後當我們在需要用到門公尺上吉利字義的尺寸、距離時，才能夠具有基本的知識去選擇更正確的尺寸、距離，而不至於茫茫然的胡亂圈選。

1、「財」字歌訣：

財字臨門仔細詳，外門招得對財良，
若在門中常自有，積財需用大門當。
中房若合安於上，銀帛千箱與萬箱，

木匠若能明此理，家中福祿子榮昌。
→用在自家外面的大門與中門，最為吉利。

2、「病」字歌訣：

病字臨門招疫疾，外門神鬼入庭中，
若在中門逢此字，災禍輕可免危聲。
更被外門相對照，一年兩度送戶靈，
於中若要無凶禍，廁上無疑是好親。
→用在廁所上的門，最為吉利。

3、「離」字歌訣：

離字臨門事不祥，仔細排來在凶方，
若在外門並中戶，子南父北自分張。
房門必主生離別，夫婦恩情兩處忙，
朝日主家常作鬧，悽惶無地禍誰當。

→用在外門及房門，最不吉利。

4、「義」字歌訣：

義字臨門孝順生，一安中戶最為要，
若在都門招三婦，廊門淫婦變之聲。
於中合字雖為吉，也有興災害及人，
若是十分無災害，只有廚門實可親。

→用在中門及廚房的門，最為吉利；用在都門及走廊上的門，主凶。

5、「官」字歌訣：

官字臨門自要詳，莫教安在大門場，
需防公事親洲府，富貴中庭房自昌。
若安房門生貴子，其家必定出官郎，
富貴人家有相壓，庶人之屋實難量。

→用在房門上，最為吉利；用在大門上，主官訟之災。

6、「劫」字歌訣：

劫字臨門不足誇，家中日日事如麻，
更有害門相照看，凶來疊疊害無差。
兒孫行劫身遭苦，做事因循害其家，
四惡四凶星不吉，偷人物件害其身。
↓與「害」寬度的門並排或是相對，最為凶惡。

7、「害」字歌訣：

害字安門仔細尋，外門多被外人臨，
若在內門多興禍，家財必被賊來侵。
兒孫行門於害字，做事需因破其家，
良匠若能明此理，管教宅主永興隆。
↓用在外門及內門，最不吉利。

8、「吉」字歌訣：

吉字臨門最是良，中宮內外一齊強，
子孫夫婦皆榮貴，年年月月旺蠶桑。
如有財門相照者，家道興隆大吉昌，
縱有凶神在旁位，也無災害亦風光。

→最為中庸之字，用在任何一個門上，都吉利。

從上面的歌訣可以看出，「門公尺」的使用，都是以製作「門」的寬度為要，並不使用在其他的事物上，只是以今日社會上普遍存在的現象，在各行各業的產品製造上，凡是有牽涉到尺寸、長短、距離時，例如床的製造、水族箱的製造、櫥櫃的製造、桌子的製造……等，其尺寸則都是裁取門公尺上居於吉利字義的位置上；所以說，「門公尺」的使用已經深入到各行各業領域裡面，因此我們在日常生活上就「門公尺」的使用，可以說已不用再侷限於「門」的狹窄範圍之內。

三、魯班宅相圖

《魯班經》就陽宅吉凶論述的觀點，乃著重於陽宅的結構、造型，及與周圍環境互動間所產生的吉凶好壞剋應；也就是說以陽宅有形、看得到的形體為堪輿論述基礎，並不談論無形、看不到的氣場。以下是其傳世的論述歌訣與圖畫，筆者並附註解於旁：

◎圖一

歌訣：「門高勝於廳，後代絕人丁；門高勝於壁，家人多哭泣。」

註解：陽宅外面的大門高於客廳或是高於門壁的話，不是有絕子孫之患，就是家人多早夭、不長壽。

◎圖二

◎圖三

歌訣：「門柱不端正，傾斜多遭病；家退禍頻生，人亡空怨命。」

註解：大門柱如做得傾斜、不端正，則屋宅之人必定疾病叢生、災禍不斷，或是家運敗退。

歌訣：「門扇或傾斜，夫婦不相敬；家財常耗散，更防人謀欺。」

註解：大門之兩扇門如做得傾斜、不端正，夫妻必定常吵架，且須提防遭人欺騙或是有破財之災。

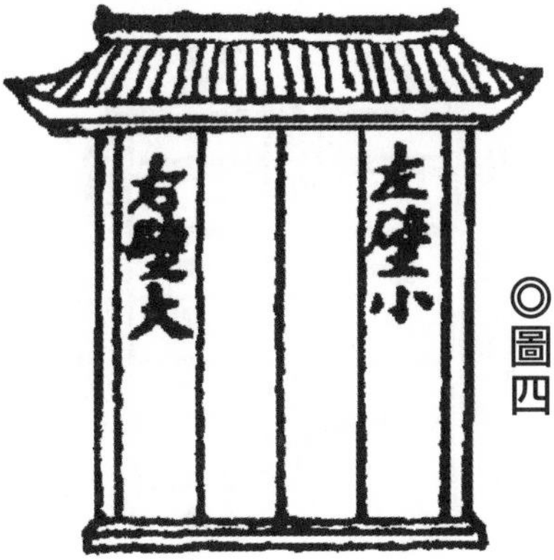

◎圖四

◎圖五

歌訣：「門邊土壁要一般，左大換妻更遭官；右邊或大勝左邊，孤寡兒孫常叫天。」

註解：大門兩邊牆壁的寬度要一樣，否則，不是夫妻離異，就是遭逢官訟牢獄之災；嚴重時，易有意外不測的橫禍。

歌訣：「門柱補接主凶災，仔細巧安排。補上頭目疾、補中上吐瀉、補下腳疾苦。」

註解：門柱不可以補接方式建造，否則必有頭痛、眼疾、吐瀉或是腿足的病痛。

◎圖六

◎圖七

歌訣：「門前壁破街磚缺，家中幼小長不悅，小口枉死藥無醫，急要修整莫遲疑。」

註解：屋外的牆壁若是破損不堪、磚牆剝落屋外的話，就要趕快補修，否則居宅內的小孩容易罹患不治之疾而早夭。

歌訣：「二家不可門相對，必主一家退；開門不得兩相沖，必有一家凶。」

註解：居於狹窄街巷而相對的兩戶房子，大門若正對、相沖，必定有一家家運衰退或災禍橫生，尤其是門小的居

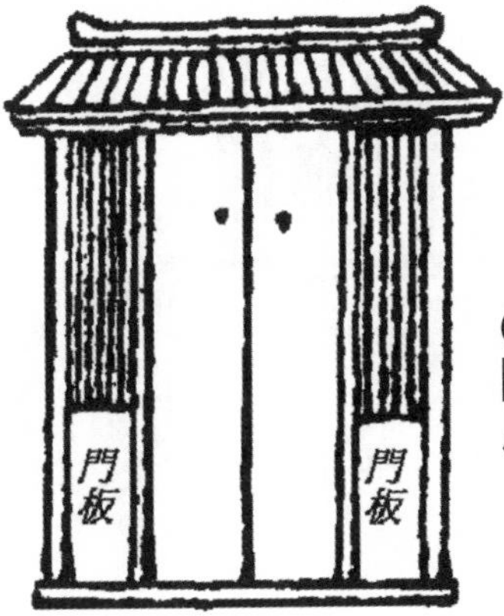

◎圖八

◎圖九

宅。

歌訣：「門板多穿破，怪異為橫禍，定主退財產，修補免貧寒。」

註解：大門兩旁的門板或牆壁，如有破洞或縫隙，而從外面可看到裡面者，就要趕快修補，以免破財而貧寒。

歌訣：「一家若開做兩門，鰥寡多冤屈；不論家中正主人，大小自相淩。」

註解：居宅在同一門向，若建造兩扇大門，必有夫妻生離死別之災、受冤屈，及家中之人自相欺淩、無情義。

◎圖十

◎圖十一

歌訣：「人家天井置欄杆，心痛藥醫災更招；眼障暗昏蒙，雕花極是凶。」

註解：居家的天井、亭台、閣樓等處，不可在其外圍加裝欄杆，尤其是有雕花的欄杆，以免屋主罹患心臟、眼疾之病。

歌訣：「廳屋兩頭有屋橫，災禍起紛紛，人口不平穩。」

註解：居宅的兩旁正對別人房屋的屋角、壁刃時，則屋內之人必是災禍橫生、事業顛波、起伏不順。

◎圖十二

◎圖十三

歌訣：「客廳若做穿心樑，其家定不祥，哭泣不曾閒。」

註解：住宅內的客聽，如果露出一根很明顯的橫樑，而沒做遮蓋橫樑的裝修者，屋內之人必遭意外不測之橫禍而亡故。

歌訣：「人家相對倉門開，定斷有凶災，風疾時時不可醫，世上少人知。」

註解：居宅大門如果正對倉庫大門者，此時宅內之人不是有凶災、就是罹患風濕、尿酸、痛風之疾。

◎圖十四

◎圖十五

歌訣：「禾倉背後做房間，疾病出連年，病臥不離床，癆病最悽惶。」

註解：房間如果蓋在倉庫的後面，則住在該房間裡面的人，必定是長年疾病纏身、倒臥病床上，尤其是呼吸系統之疾。

歌訣：「人家右畔有禾倉，定有寡母坐中堂；若然位在天醫位，卻宜醫術相當精。」

註解：居宅的右邊若建造倉庫，家中之宅主必早夭而不壽；但此倉庫若是建在天醫位者，必出醫術精明之人。

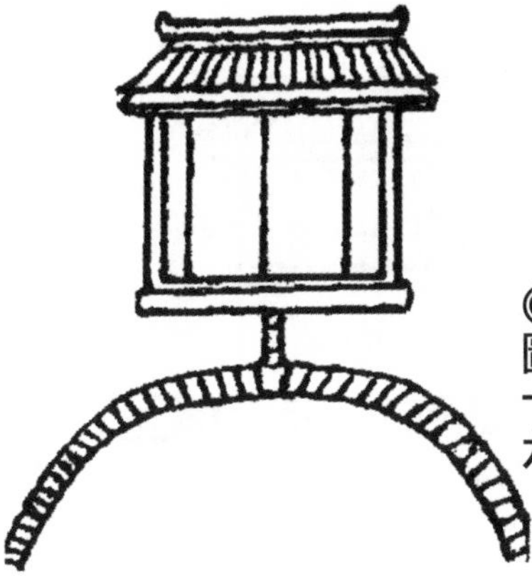

◎圖十六

◎圖十七

歌訣：「有路行來似反弓，父南子北不寧家；更有一路直衝門，典賣田園難免他。」

註解：屋外的道路如成反弓狀者，宅內之人必是父不父、子不子；若又見一條道路直衝屋門者，必主家業破敗而凋零。

歌訣：「路如牛尾不相和，頭尾翻疏反背哦，父子相離實難免，婦人要嫁待如何。」

註解：門前的巷道形如牛尾、翻轉前後不相顧，必主宅內之人父子不和、子女難以婚嫁。

◎圖十八

◎圖十九

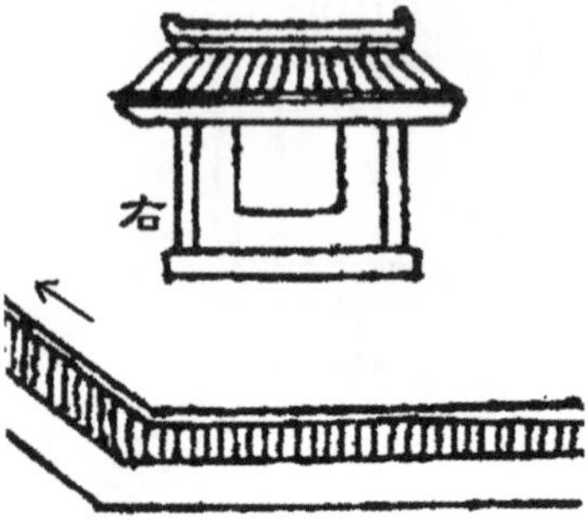

歌訣：「門前道路如弓抱，多日進田山，富足人財好，更有清官貴。」

註解：門前的道路如果像玉帶環抱，或是如箭弓內彎環繞，必主屋內出官貴之人，家人並享富貴榮華之福。

歌訣：「右邊牆路如直出，時時叫冤屈；怨嫌無好丈夫兒，代代出生離。」

註解：屋外右邊的道路如像死蛇一樣的直去而無彎曲形狀者，必主屋內男人遠離家鄉、不顧家。

◎圖二十

◎圖二十一

歌訣：「右面四方高，家裡產英豪，渾身斧鑿成，其山出貴人。」

註解：住宅的右邊如有小山、小崗阜，其形狀猶如斧頭天然鑿成，此為貴人山，宅內必出英雄豪傑之人。

歌訣：「屋邊有石斜聳出，人家常仰嘆，定遭風疾與貧困，口食每求人。」

註解：屋外側邊如見有高大石頭斜聳而出者，此宅必為貧困之宅，家人貧無立錐之地，常仰天長嘆。

◎圖二十二

◎圖二十三

歌訣：「屋前行路漸漸大，人口長安泰，更有朝水向前來，日日進錢財。」

註解：屋外的道路，由內向外逐漸寬大者，屋內之人一生順遂如意；如更有溪水屈曲流過者，必定為富貴豪門之宅。

歌訣：「門前行路漸漸小，口食隨時了，或然直去又低垂，退落不知時。」

註解：屋外的道路，由內向外逐漸縮小，或是低垂直洩而去者，需防隨時有家道中落、三餐無法溫飽之災。

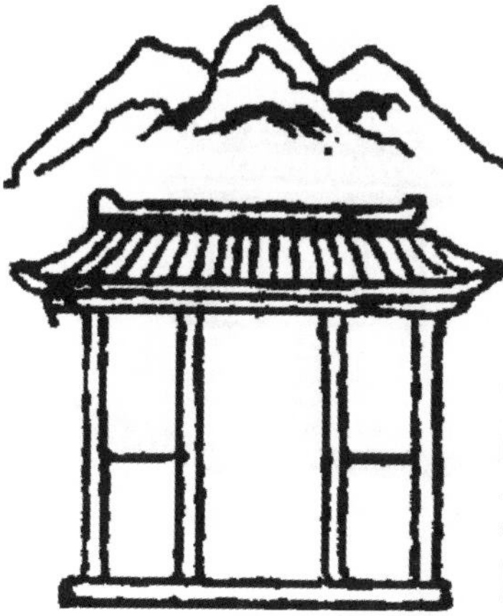

◎圖二十四

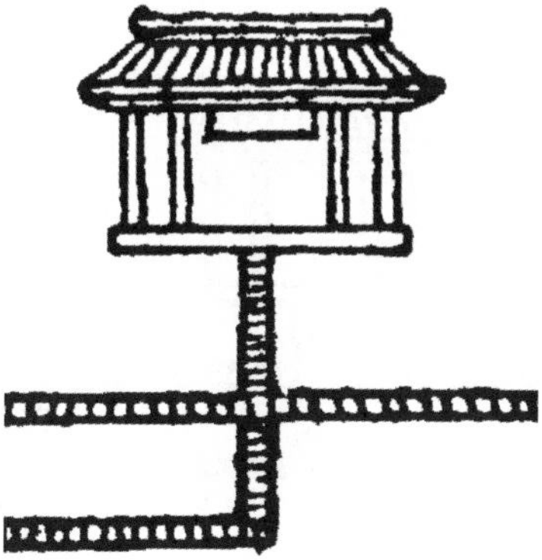

◎圖二十五

歌訣：「屋後石頭起三堆，倉庫積禾屯食藏；屋後土般般，終日更清閒。」

註解：屋後有小崗阜堆疊如筆架形狀者，屋主必是富裕、倉庫滿盈之人；但若是為土堆者，此屋主必終日遊手好閒。

歌訣：「門前若見七字去，斷作黃金路，錢財金玉似山堆，其家富貴足。」

註解：門前的道路出現七字形，不管是為左彎七字或是右彎七字，屋主必定因經商而致富、積錢滿盈。

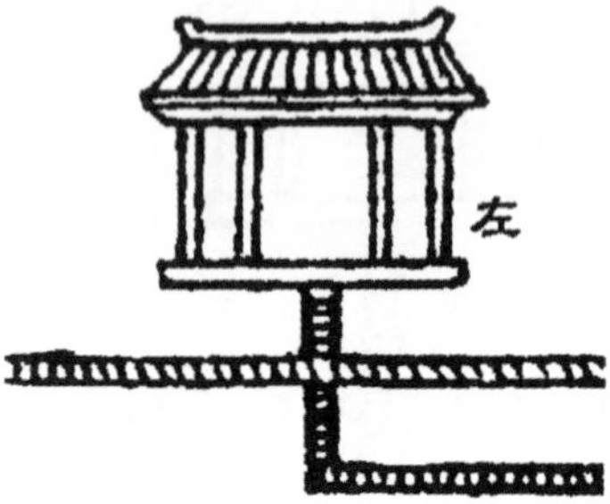

◎圖二十六

◎圖二十七

歌訣：「左邊七字需端正，方斷財山定，或然一似死，家人日日鬧相爭。」

註解：門前道路成七字形雖為吉利，但左彎的七字形要端直、不可歪斜，以免成死字形，反招禍端、不安寧。

歌訣：「路成丁字害難逃，死別生離真是苦，門前有此非吉兆。」

註解：門前道路如成丁字路形，主凶，一家之人難以白頭偕老，常有不測禍災且損男丁。

◎圖二十八

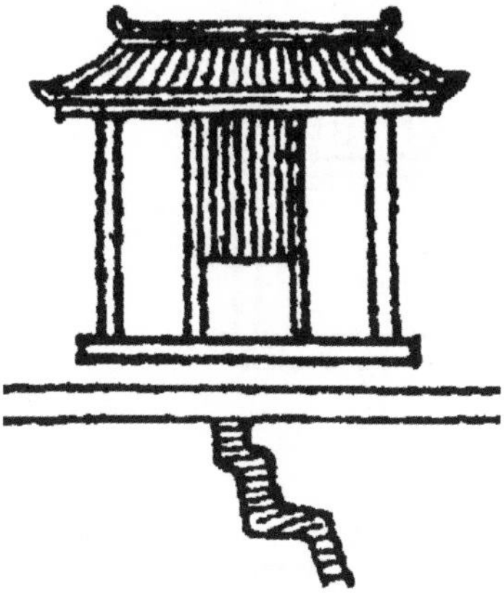

◎圖二十九

歌訣：「有路行來似火鉤，其家退落更能偷；若還有路從中入，打劫殺人未肯休。」

註解：門前道路如成火鉤狀，且又有一路直通門前者，此為家業必已退敗，並出打家劫舍、殺人放火的盜賊、匪徒。

歌訣：「翻連屈曲名蚯蚓，生離未免兩分飛，損子傷妻家到罄。」

註解：門前道路如蚯蚓狀的翻來覆去，此為不吉之兆，主家業敗退，以及有妻離子散之災厄。

◎圖三十

◎圖三十一

歌訣：「路如跪膝不風光，輕收財富便更張，腳病常常不離床。」

註解：門前路如跪膝狀者，主屋內之人無志氣，為了錢財，即使失節喪志、任人笑罵與屈辱，也無所謂；易罹患腳疾。

歌訣：路如丁字損人丁，前低蕩去不堪行，或然平生猶輕可，也主離鄉也主貧。」

註解：門前道路成丁字路形，本就不吉，如又一路低蕩直去者，必定是離鄉謀發展，但也是清苦過日子。

◎圖三十二」

◎圖三十三」

歌訣：「石如酒瓶樣，金山其家富貴人；一般樓台田，求得斛注使金銀。」

註解：屋前或庭園中有玩石形狀如酒瓶者，屋主必是金銀滿箱、財富滿盈之人。

歌訣：「路來屈曲號為龍，內有池塘或石頭，若不為官須大富，滿州滿縣置田產。」

註解：門前有路屈曲如活龍，此必榮華顯貴、豪門鉅富人家。

◎圖三十四

◎圖三十五

歌訣：「十字路來在門前，兒孫手藝最為能，雖然溫飽多成敗，只因嗜賭產已虛。」

註解：十字路橫跨門前，為不祥之兆，必主子孫事業成敗不定，終因嗜賭而敗家業。

歌訣：「門前二路兩交加，室女遭人殺，從此家內亂，男人致死也因它。」

註解：門前有兩條道路交接成斜丁字形者，主屋內之人不和、常吵架，嚴重時夫妻須防不測災禍。

◎圖三十六

◎圖三十七

歌訣：「臂彎回來又捲舒，錢田儲藏在方隅，中男長位須先發，人言此路鬼神扶。」

註解：門前道路如胳臂舒展開來，這是一個發財致富的吉兆，主子孫必得貴人相助而發跡。

歌訣：「路如人字意如何，兄弟分開隔閡多，更主家中紅焰起，定知此去更無情。」

註解：門前道路如人字形者，主兄弟鬩牆、不和，彼此無兄弟之情。

◎圖三十八

◎圖三十九

歌訣：「四路直來中間曲，此名四獸能取祿，左來更如一刀砧，文午兼全俱皆足。」

註解：屋前四路相交接，且中間一路屈曲到門前者，此為「四獸聚貴」的吉兆，主必出文武雙全之子孫。

歌訣：「南方若見有尖石，代代火燒宅。石尖如火疊成山，燒盡不為難。」

註解：在住宅南方的石頭，其形狀如像火焰型者，稱為「火燒宅」，表示住宅發生火災的機率非常大。

◎圖四十

歌訣：「品岩磋哦似淨瓶，家出素衣僧；更主人家出孤寡，官吏相傳有。」

註解：庭園內的石頭如堆疊整齊，形狀如觀世音普薩手持之淨水瓶者，此屋必出僧侶、修道者或是清官之人。

四、魯班趨吉避凶禳解圖

「禳」的含意，乃是驅除邪惡的祭祀，所以「禳解」的意思則是：祈禱神靈，以求消解災禍。

《魯班經》就民間居宅凡是有犯沖、不寧靜，或是祈求敦親睦鄰、富貴發財、人口聰慧長壽……等，也有它的祁禳術法，而這一些的術法，其中有部分到現在還廣被使用，並且普遍為一般人所知曉及深植人心。《魯班經》的祁禳術法種類甚多，有教人趨吉避凶的術法、也有教人做惡行兇的術法，筆者今僅就趨吉避凶的術法，以圖解方式述說於後：

◎圖一

◎自己的屋宅正對別人的屋脊或是牆頭牌坊時，用瓦石材做一個將軍模型，選擇一個吉日良辰，把「瓦將軍」安置在自己屋宅被他人屋脊牌坊正對的地方。

◎圖二

◎圖三

◎自己的屋宅正對馬路、巷道直沖或偏沖時，以石頭做一個「泰山石敢當」如上圖，其尺寸為：高四尺八、寬一尺二、厚四吋。選一吉日在清晨3～5點的時候，將其掩埋於門口沖馬路之處；掩埋於地底約八吋深。

◎這個祁禳之物稱為「獸牌」，以木板（厚度約0.3公分）畫一幅如圖的獸形畫。它的功用跟前述的「瓦將軍」一樣，同樣都是用來破解他人屋脊或是牌坊的凶厄。

◎這個「獸牌」必須釘置於窗戶頂上或是門框頂上，不可安置在屋簷下；在釘置時必須正對沖射處，不可有偏斜的情形。

◎圖四

◎圖五

◎裁剪一個如圖樣的木板，上面書寫「天官賜福」的字體。這個「天官賜福」板由於要釘在對面的房屋上，所以「天官賜福」這四個字要由對面的屋主書寫，而由本屋主將它釘上，它的功用是在敦親睦鄰。

◎這個「天官賜福」板沒有一定的尺寸，端視房屋上要釘置地方的大小而定。

◎先裁剪一個長方形的木板，並用符水將其淨化，然後在上面書寫「一善」的字體，將它釘置於廳堂上；在釘置的時候，可要求家人或是親朋好友口中唸道：「一善能消百惡」的語訣。

◎一般的商號、店鋪、公司等，因經商不順時，可製作此「一善」板，選擇一個吉日的早上7～9點，將其釘置於廳堂中，以祈求生意能欣欣向榮。

◎圖六

黃飛虎

◎圖七

◎將此圖畫於木板上，稱為「飛虎將軍」圖。它的功用同「瓦將軍」與「獸牌」，都是在化解他人屋脊、牌坊之沖射。

◎同樣安置在自己房屋被沖射之處。

◎將此圖畫於木板上，稱為「山海鎮」圖，如果不畫圖，而只寫「山海鎮」的字體，也是可以。

◎凡是自家的門口被巷道、橋庭峰、土推、桿柱、尖狀物等沖射者，將此「山海鎮」板安置於大門上被沖射之處。

◎圖八

◎圖九

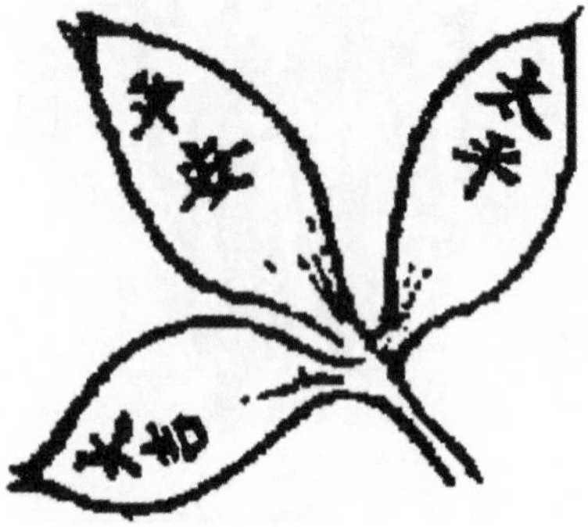

◎摘取月桂葉數片，將其夾藏於書本、書櫃或是書桌裡，代表會提升考試錄取率、金榜題名的機會。

◎歌訣：「竹葉青青三片連，上書大吉大平安，深藏高頂椽樑上，人口平安永吉祥。」

◎摘下如圖有三葉相連之竹葉一枝，並在每一葉上各自書寫太平、平安、大吉的字樣，將此竹葉藏於屋樑上或是客廳櫥櫃的最上層，代表屋內之人永遠平安順遂、無凶災。

◎圖十

◎圖十一

◎摘下針葉松一截，將其收藏在屋內的櫥櫃中，代表屋內之人有長壽的象徵。

◎製作或購買商船的模型一個，將其收藏在屋內的櫥櫃或是斗櫃之中，且船頭要朝內，代表著生意興隆、進財如意的象徵；如果朝外，則主生意不順、失業敗財之象。

◎圖十二

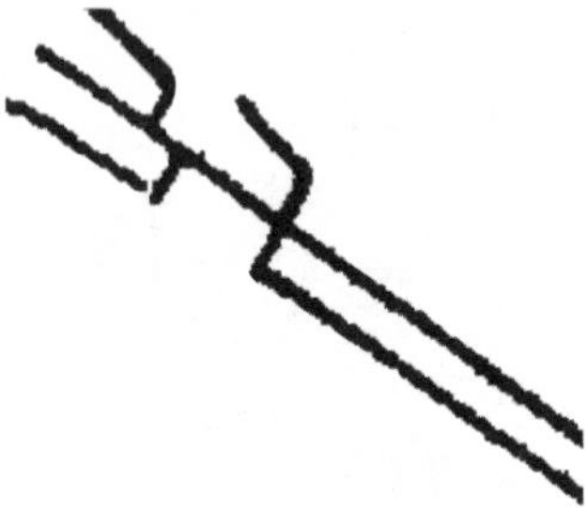

◎圖十三

◎歌訣：「門縫中間藏墨浸，代代賢能出方正，不為書吏卻丹青，積善人家生忠信。」

◎在屋內的側門或是後門等處，較沒有出入的地方，在兩扇門的掩合處、騎縫處，以墨筆畫上如上圖的圖案一幅，代表會出正直忠良的官吏、賢臣。

◎歌訣：「一塊好墨一枝筆，富貴榮華金階立，必佐朝聖為宰臣，筆頭若岔退官職。」

◎在書房內完整的收藏「筆、墨、硯、紙」一副，代表將來必定會升官發財、官運亨通；但若是筆頭的毛呈現分岔的情形時，將會有去官丟職的凶兆。

◎圖十四

◎歌訣：「樑畫紗帽檻畫靴，坊中畫帶正相宜，生子必登科甲第，翰林院內去編書。」

◎在客廳內的屋樑上畫上如圖之紗帽、在大門的門檻處畫上官靴、在書房的書櫃畫上玉帶，代表將來必生一翰林學士之子或是出大文學家。

第四章

陽宅通則

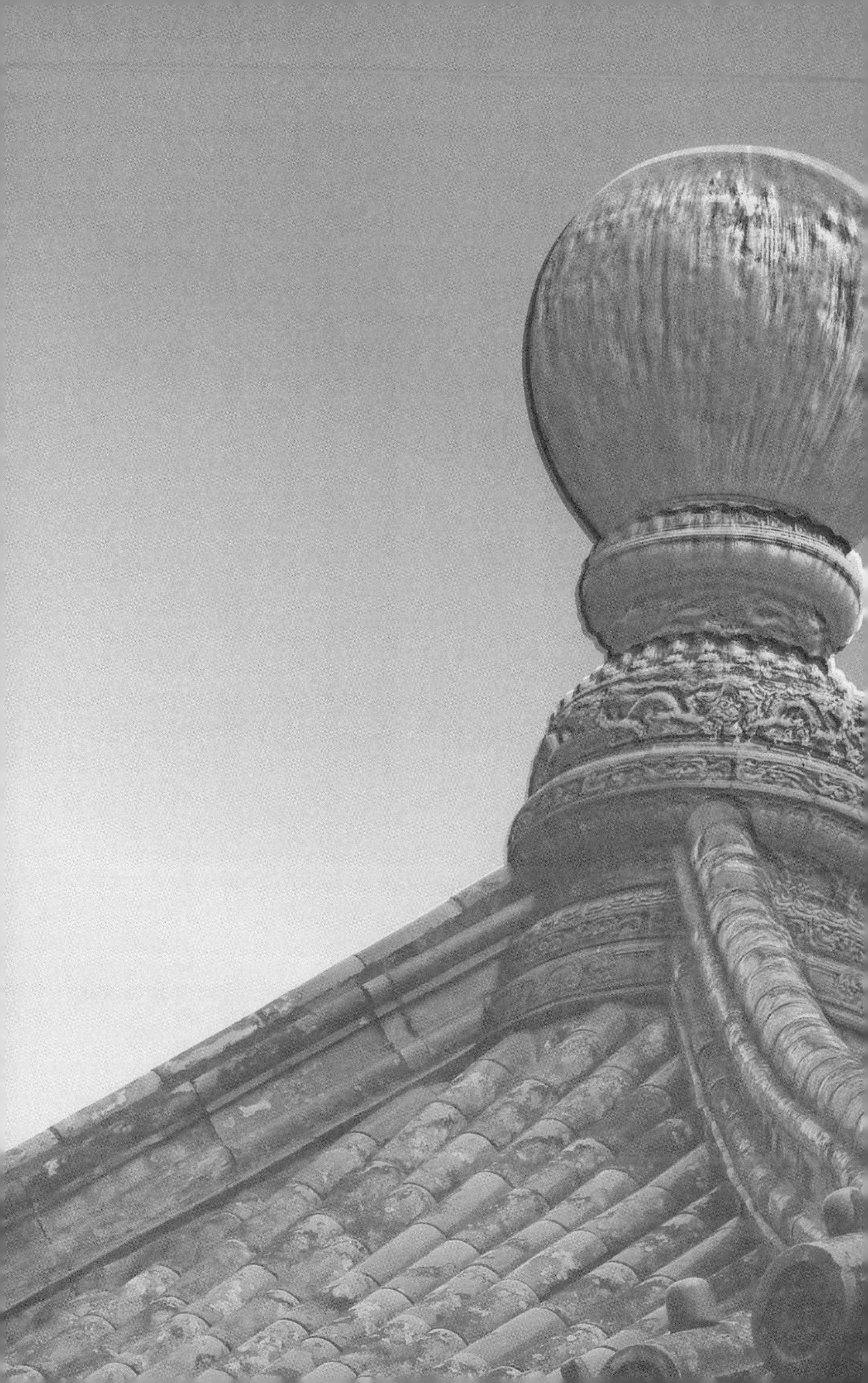

所謂「通則」，乃是指一般我們所知道且已經普遍化的常識而言，所以「陽宅通則」就是在論述陽宅內部的裝潢、格局與外觀造型、形勢、景觀與坐向方位等而言，它並不論述陽宅本身的磁場，它所著重的是有形、看得到的景物，而沒有也無法論述陽宅無形的磁場對陽宅本身所造成吉凶好壞情形。

今就先賢與堪輿學前輩所傳述、著作的經典名著，並為一般大眾所熟知有關陽宅堪輿方面的通則，分別就內部形局與外部形局論述於後：

一、陽宅內部之形局

此陽宅內部之形局共35則。

◎住宅之地勢若為後高、前低，主吉；如為前高、後低，主凶。

◎住宅大而人口少，主凶；住宅小但人氣旺盛，主吉。

◎住屋的深度大於寬度，表示容量大、能聚財，主吉；住屋的寬度大於深度，表示容量小、難聚財，主凶。

◎住宅之下方有流水、溝水穿過，或有樹木殘根，主凶。

◎住宅之樓地板高低不平、地基不固，或是樓地板、天花板有滲水之現象，主凶。

◎住宅內部過於潮濕，住屋之人易罹患風濕症、偏頭痛之疾病，主凶。

◎大門正門和住宅後門或主臥室的正門相對而成一直線，代表氣不聚、財流失，主凶。

◎住宅的中央設為廁所或是天井、樓梯、浴室、廚房者，主凶，應設置為客廳或臥室。

◎住宅不設後門，主有進無出、消化不良、廢物無法排出，主凶。

◎位於客廳門對角線角落的位置即是財位，此財位處應擺放水族箱、大圓闊葉形狀的盆栽。

◎屋內之擺設不要過多或雜亂，以免影響格局動線而導致家道中落。

◎客廳處不要看到橫樑，如有橫樑則最好以裝潢方式掩飾之，以免家人會有精神衰弱、壓力過重的疾病。

◎西洋式的壁爐不要設在屋宅的正中央，否則主人易遭不測災害；但若是為暖氣設備或是設計成隱藏式的爐火設備，則無所謂。

◎主臥室設在屋宅的正中央、老人房設在屋宅的東南方，主吉。

◎房屋與臥室的隔局不要呈現三角形或畸零地，以免對居住之人造成人格不健全的發展。

◎臥室不要緊鄰廚房，以免小孩身體健康與課業不好。

◎不要在臥室內放置收藏過時衣物的櫃子，以免家運不發。

◎俗稱左青龍、右白虎，而龍主動、虎主靜，故臥室的房門宜開在龍方；若是開在虎方，將導致家庭不和、夫妻易產生口角是非。

◎臥室門與廚房門忌與廁所門相對；因廁所終年排出臭氣，會影響到宅內之人的身體健康。

◎從屋外可直接看到屋內的屋頂主樑柱、神龕或爐火，主凶。

◎神龕不要安置於廁所或廚房的旁邊、入口處，也不要安置在屋樑下方、吵雜不潔之處。

◎廚房之門忌與前後大門相對，因為廚房又代表財庫，若與前後門成一直線，則表示錢財進出毫無阻攔，故會有破財、無法聚財的凶應。

◎廚房內不要擺設書桌、餐桌，以免影響讀書及飲食的健康品質。

◎灶位〈即瓦斯爐〉不要置放在左右兩邊都有門口的位置上，否則易有破財、難聚財及口舌是非之災；也不要置放在排水溝上，以免屋內之人有身體不健康、虛弱的情形發生。

◎臥房床鋪不可正對房門，以免有常作惡夢、精神衰弱的疾病。

◎床鋪與桌子不宜置放於屋樑之下，否則將導致精神耗弱、注意力不集中，而失業敗財。

◎梳妝台的鏡子不可正對床鋪，以免睡醒受到驚嚇而導致精神耗弱。

◎床鋪不可緊貼於地上，否則將受濕氣之影響而導致風濕、頭痛之疾病。

◎床鋪底下不要置放儲藏箱及堆積雜物，以免影響到住屋之人的身體健康。

◎臥室內使用之物品，愈乾燥愈好，如此將不致因濕氣過重而導致身體健康受損。

◎灶（瓦斯爐）與井（水龍頭）相對，主凶。

二、陽宅外部之形局

◎住宅建在山脊、山谷入口處，因地基不穩及受山谷氣流的沖射，主凶。

◎住宅建於丁字路口的地方，也就是正逢大馬路直沖之地，此為矛、箭直射之狀，易有舟車血光、破財、官非之災。

◎住宅建在巷子底，也就是死胡同之處，主有官非、破財、殘疾之災。

◎門之正前方不要有大樹阻礙氣場、光線，也不要有電線桿、枯樹，以免有失業、敗財及老人終年纏疾在身。

◎住宅的西北方有大樹，主吉；因西北方氣候乾燥，有樹精守護屋宅，可帶來吉運；若將此樹木砍掉，恐會有斷絕後代之憂。

◎獨棟之住宅如比周圍的房屋高太多，稱為孤高屋，此為高處不勝寒、樹大招風之象，主人孤傲自負，易招惹口舌是非而成為眾矢之的。

◎四周為高樓大廈，僅一間低矮之房屋，稱之為獨矮屋，此為不吉之象，宅內之人顯得寒酸、井底之蛙的現象，且會一輩子無法出人頭地。

◎住宅的西方有大馬路，大吉，但不包括面朝西方的住宅。這是因為受到太陽西曬的影響，所以一般住宅很少在西方開設窗戶，即使有開也是小窗戶而已，此可確保居家的安寧性。

◎新成家立業的子女，其所蓋的新居宅，不可蓋在父母親住宅的院子裡，否則兩家易有一起沒落之凶應。

◎家中有孕婦時，則不可修建房屋、不可搬家，即使是小修造也要盡量避免，以免造成孕婦的流產或是生出不健康的胎兒。

◎住宅基地或屋型(以院子圍牆為主，無圍牆者以住宅平面圖為主)西北方有凹陷者，雖不損及貴氣，但卻有不生男丁的傾向；在健康上，對呼吸系統會有不利的影響。

◎住宅基地或屋型西南方有凹陷者，雖不利於腸胃的健康狀況，但對社會地位、官職、薪津卻有正面的幫助。

◎住宅基地或屋型東北方有凹陷者，對呼吸系統會有不利的影響。

◎住宅基地或屋型東南方有凹陷者，起先對生兒育女會有不利的影響，但後來仍能享受富貴之福。

◎住宅基地或屋型東方有凹陷者，主有衣食不足之憂。

◎住宅基地或屋型西方有凹陷者，主大凶，絕對不可居住。

◎住宅基地或屋型南方有凹陷者，主居家雖富有，但常有爭吵口舌事生而不得安寧。

◎住宅基地或屋型北方有凹陷者，主災禍不斷。

◎住宅基地或屋型四邊都凹陷者，主大凶，絕對不可居住。

◎住宅屋型東、西兩方都凹陷者，居家雖稱平安，但是一輩子庸庸碌碌過日子。

◎住宅屋型南、北兩方都凹陷者，主家人常生病，且易招惹官訟損財之災。

◎住宅若是右邊長、左邊短，此為「財旺人丁衰」之象，主財運亨通而人丁稀少。

◎住宅若是左邊長、右邊短，此為「人財兩衰」之象，主財不旺、人丁衰，且有剋損妻兒之災。

◎住宅屋型為前窄、後寬，成正梯形者，主富而且貴，將來必定有一番光明前程的事業。

◎住宅屋型為前寬、後窄，成倒梯狀者，主錢財不保、人丁稀少。

◎住宅屋型成三角形者，其形狀若為前尖、後寬者，稱為「從田筆」，主人財兩失，容易因住宅內之女性而帶來禍害，或者是對女性造成直接的傷害；如果屋型為後尖、前寬者，則稱為「火星拖尾」，主宅內之人有自殺或罹患絕症之災。

◎住宅屋型方正得宜者，主大吉，為家財萬貫的象徵。

◎住宅前有半圓形的水池，且水池的圓方向前、向外者，主有發橫財的跡象。

◎住宅屋型前圓後方為大吉，主富貴雙全。

◎住宅南方有空地者為大吉，可一輩子無憂無慮的過日子。

◎住宅之院子裡或中庭，不可種植大樹，以免遮住陽光及氣場的流通性，種植者主大凶。

◎住宅庭院不可鋪設大量石頭，以免路基不平、招惹陰氣，而導致家道中落。

◎不可將溪水引入庭院中，並直直流出去，如此將導致破財、財產散盡，主大凶。

◎圍牆不可過高或是緊貼住宅，過高則人如居住在獸欄內緊貼住宅則無法吸收陽氣，均主凶，將導致窮途困頓、居家不安、體弱多病。

◎商店將店面設於整棟大樓的東北或西南方，由於此兩方的房間易招惹陰氣，主大凶，生意會逐漸沒落、日漸蕭條，錢財日漸散失而關閉。

◎住宅屋頂或遮陽棚有樹木穿過，主大凶。此主門面破損、顱頂穿透，易有不測橫災之禍。

◎二樓以上建築在騎樓上方設置客廳或臥室，此為地基不穩之象，主大凶。

◎從屋外可看到屋內主要大柱的正面，此宅內之人可能出不孝子，主凶。

◎住宅屋頂之主樑，並非一柱貫接全屋，而係兩段連接者，主大凶。

◎住宅的支柱必須要比屋樑來得粗大；且架設主柱與其上之屋樑須在同一吉日內完成，否則第一吉日架主柱、第二吉日上屋樑，反此而行者主凶。

◎住宅內之地板必須高於屋宅外之土地，否則易遭疾病、災難、爭吵口舌是非。

◎從正面看，住宅屋頂凹凸不平，呈現凸字形、山字型者，稱為寒脊屋，易導致火災、錢財不聚之災。

◎從側面看，住宅屋頂呈現山字形者，即棟樑中間過高、前後過低者，此將導致家財耗盡、孤獨無依之禍，主大凶。

◎住宅地基過於鬆軟，主大凶，商人主破財、居家主衰敗。

◎住宅建在廢井或墳墓上者，主大凶，易產生光怪陸離的鬼魅事件；若真的需要在該井地上蓋房子，必須將廢井填實。

◎在原來是草木茂盛的土地上蓋房子，必須將草木根部剷除乾淨，否則遺留禍根，將導致禍事接踵而至、災難連連。

◎將原來兩幢房屋合而為一、屋簷相接者，主大凶，不但家道中落且產業傾廢，甚至於傾家蕩產、身敗名裂；尤其是將屋簷相接之後，又將原來的隔柱拆除者，為禍更烈，嚴重時會導致意外不測死亡之災。

◎住宅圍牆因施工不良，以致造成外風從牆壁縫隙吹入屋內者，家中出病人或常作噩夢、怪夢。這種情形大部分都發生在門框或窗框處，宜注意。

◎住宅內為了豪華、氣派而於牆壁上掛有過多的裝飾品，主凶。視覺上的美感務以清爽、實用及動線流暢為要。

◎住宅小而門戶過大，主凶，此為屋內之氣盡洩於外、不聚氣，終將導致錢財耗盡之災。

◎住宅有院子，其排水系統設在西南方，主凶；沒有院子的住家，其排水管設在住宅的西南方，也是不吉利。

◎住宅的南方處若有門或窗，必須有屋簷或遮陽棚，否則家中容易發生爭吵事故，夫妻感情易生波折。

◎住宅大門正對他人住宅的屋角，主大凶，容易導致意外不測之災、人丁傷亡、錢財耗損。

◎住宅建於兩條道路的交接處，亦即建在Y字路口處，主大凶。

◎住宅屋前之道路成反弓狀者，主大凶，宅內之人奢淫無度、體弱多病，終將破敗連連。

◎住宅如建在墳場附近，且又樹木茂盛者，主大凶，此為陰氣森森之象，居家之人身體多病、禍事不斷。

◎住宅東邊或左邊有孤墳，主大凶，居家之人長期體弱多病且難以痊癒。

◎住宅東邊忌見高大之山脈，也不要有流泉或溪河流過，否則會有事業不順、破財連連、人丁不旺、口舌是非、家道中落之憂。

◎住宅之西邊忌見水池，此為白虎開口，主大凶，居家之人容易發生舟車血光之災。

◎住宅正門與西北方忌見橋樑直沖，主大凶，易導致家道中落、家敗人亡之災。

◎住宅大門之兩旁忌再開兩小門，主凶，此為大小不和、爭相出頭及相互欺凌之象。

◎住宅大門兩旁之水泥牆忌高低、大小不一，主凶；如左邊大，不利女主人；右邊大，不利男主人。

◎騎樓天花板如比宅內一樓天花板高的話，主可聚財、財源旺盛；若是比一樓天花板低者，主凶，此為陽氣不入而致失業敗財之象，事業難有成就。

◎住宅為三樓以上之建築，忌於旁邊連接一小屋，此為逢小人暗算、破敗損財及健康有損的凶象。

◎忌在住宅的東北方或西南方開天窗，此將不利居家內之母親與幼子；另若於其他地方開天窗者，也不宜過大，以免陽氣過盛而致意外不測之災。

◎住宅之圍牆不可開大窗，主凶，此為小人官訟損財、口舌是非不斷之象，終而導致家道中落之憂。

◎兩屋相對而立，如其中有一屋之圍牆或屋壁較低者，主凶，此為氣勢不足、逐漸衰敗頹廢之象。

◎住宅的東北方、西南方、正北方、正南方等地有山丘或墓丘者，主大吉，此主人丁旺盛、光宗耀祖及財源廣進之象。

◎住宅建在慢慢高起的圓丘上或是前後都有小山丘者，主大吉，居家之人必可因經商而致富，並可享富貴榮華之福。

◎住宅前後都有小山丘，而左右兩邊各有水池或是平地者，主吉，居家之人有長壽之命。

◎住宅東邊有河流、西邊為馬路者，主大吉，因左龍需水、右虎要路，故此為「青龍白虎」格，居住者必將大富大貴。

◎住宅四周為後山、前樹、左水、右路等四象全備者，此為大富大貴之象，居家之人必定享富貴雙全、名利雙收之福。

三、陽宅通則常見的圖解

◎ 住宅或基地屋型在南方有凹陷，家境雖可富裕，但家庭中經常起爭吵事件，家人不得安寧。

◎ 住宅或基地屋型在北方有凹陷，主大凶，家人災禍不斷。

◎ 在空地上蓋房子，必須要將雜草鏟除乾淨，否則徒留或跟，其結果將導致家人或是接踵而至，宅主之運圖也難以升遷、苦難不斷。

◎ 房子之建造由內向外建，主吉利，家運可步步高升；若由外向內建，主凶災，家運困頓、發法受挫。

◎ 住宅大而居住人少，為陽氣不足之象，主兇，家運將逐漸衰敗、凋落。

◎ 住宅大小與駐人數比例調和，主吉利，位居家和樂、家運逐漸榮昌之象徵。

◎ 住宅之大門正對他屋之屋角，
主大凶，家人易遭不測之災禍
或罹患難治疾病。

◎ 將溪水引入庭院再劉出去，
主破財、財來財去之兇象。

◎ 從屋外可以看到屋內最大的樑柱，表示這個家庭可能出不孝子。

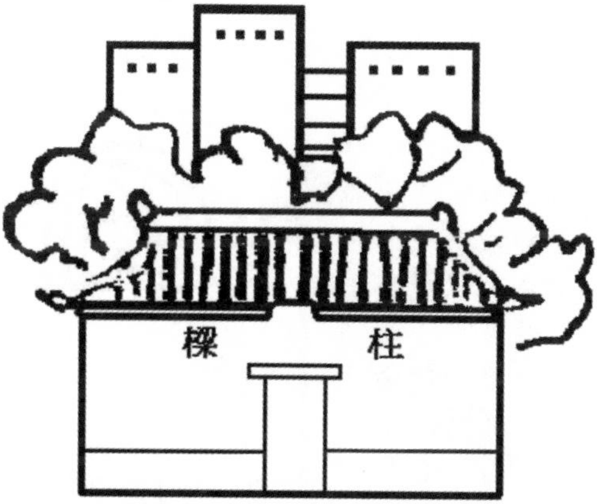

◎ 住宅屋頂之樑柱若非一直線橫貫屋樑者，主大凶，有敗財、損丁之憂。

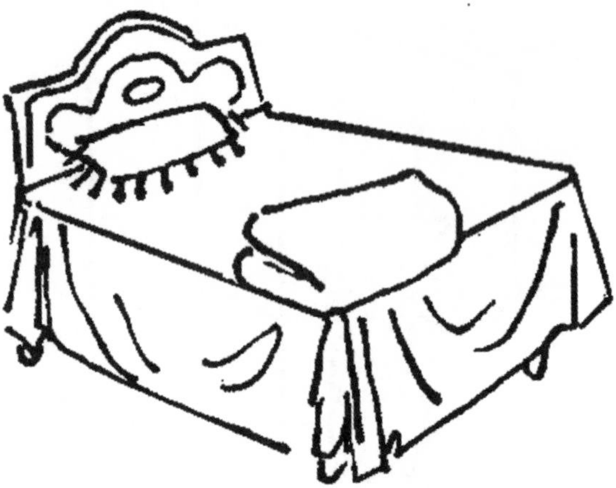

◎ 臥室內的棉被、枕頭、床單、床墊等寢具，絕對要保持乾燥、不可潮濕；另外，床鋪離地面也不可過低，以免因濕氣過重而傷害身體。

◎ 居家若設有壁爐，絕對不要設在整棟房子的正中央，以免家長易遭災害。
但若暖氣設備且設計成隱藏式的話，則無所謂。

◎ 住宅基地與屋型在南、北兩方有缺陷，主大凶，家人招惹官司，並且會常生病。

◎ 住宅基地與屋型，獨南方有缺陷，家境雖可富有，但家庭卻會經常發生爭吵事件而不得安寧。

◎ 住宅的南方若有開門或窗戶，必須有屋簷或安裝遮陽棚，否則家中容易發生爭吵事故，且夫妻的感情也容易生變。

◎ 擁有車庫之住宅，其車庫前之道路、庭院要寬廣；若是狹窄，必遭凶災。

◎ 住宅庭院若成馬蹄型狀之四合院，絕對不要種植大樹或做水泥牆，否則主大凶，居住之後必定災禍不斷、罹患惡疾。

◎ 住宅四週不要種植桑樹，因為「桑」與「喪」同音。

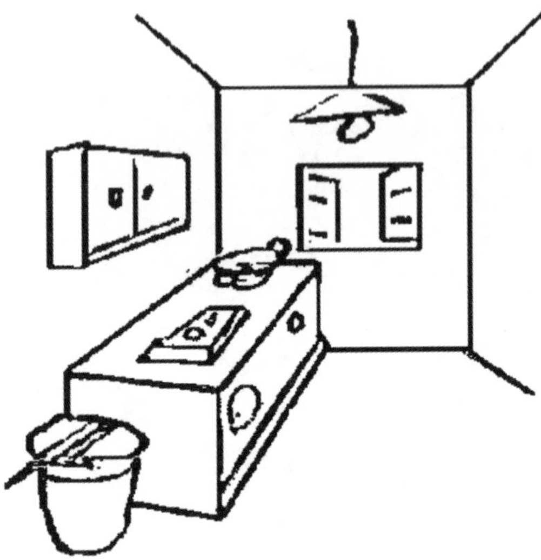

◎ 居家房子還在繼續居住期間，最好不要局部修造，以免會有家道中落、子女諸事不順之災。

◎ 原住宅為一樓之吉宅，拆掉後於其原處重蓋三樓以上之房子，為吉上加吉，可再次榮享原有之福貴。

◎ 住宅加蓋圍牆，圍牆若過高，則陽氣無法進入屋內，屋內之人必陰陽怪氣、罹患無明之病，且家運也無法亨通。

◎ 住宅加蓋之圍牆不可開大窗，以免是非口舌不斷、麻煩叢生，而導致家運衰敗。

◎ 住宅的建造，不管是平房或是高樓、華廈，柱一定要比樑粗大，在上樑與柱之日，必須選擇在同一吉日內完成；若無法在同一日完成的話，則在第一吉日必須先行立柱，第二吉日在完成上樑之事，否則必主大凶。

◎ 住宅正面大門絕對不要種植大樹，因為大樹不但會阻礙陽光照射屋內，也會阻礙陽氣進入屋內，以致屋內的陰陽氣無法產生對流；從實際的生活來說，不但家人出入不方便，一下雨打雷，也易招致雷擊，而且落葉也容易掉入屋內，無法保持屋內之乾淨。

◎ 住宅基地或屋型在南、北兩方有缺陷者，在居住了之後，家人會常招惹官司或體弱多病。

◎ 住宅基地或屋型獨西方部位有缺陷，主大凶，絕對不要居住，以免官訟、敗才、損丁。

◎ 住宅基地不可鋪設大量石頭或碎石，以免招陰氣而致家道中落。

◎ 將溪水引入庭院，主大凶，錢財會敗光。

◎ 住宅基地若是前低後高，主大吉；反之，若是前高後低，主大凶之象。

◎ 住宅基地（以院子圍牆為主；無圍牆者，則以住居地為主）在西北右方缺陷，雖不損責計氣，但卻有缺乏兒子的傾向；另外也有呼吸系統方面的疾病。

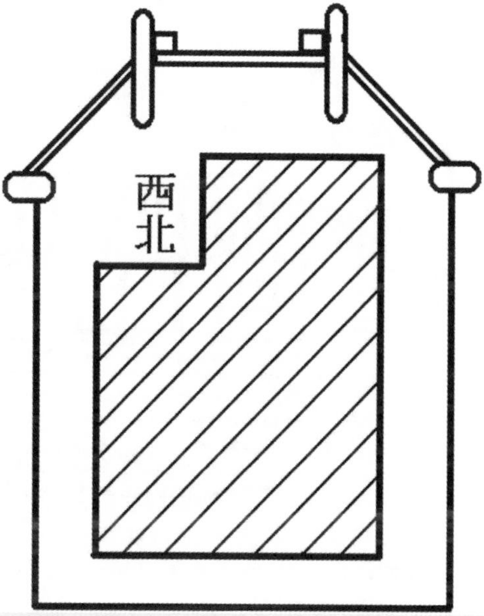

◎ 住宅基地或屋型屬方正之形狀，主大吉，居住之後有家財萬貫之機運。

◎ 住宅前有半圓形池塘或溪水，其圜方朝前、基地為正，主大吉，可因發橫財而致富。

◎ 住宅基地或屋型為前圓後方，主大吉，居住之後可享富貴雙全之福。

◎ 住宅南方有空地，主大吉，居住之後可保一世安樂而無憂。

◎ 住宅絕對不可建在山脊（山的稜線部位）或山谷的出入口；居住此處之人不但不能獲得地理上的福澤，並且容易染患各種不治之疾。

◎ 住宅基地或屋型為左短、右長之形狀，主出生非孤即貧的兒子。

◎ 住宅基地或屋型為前寬、後窄之倒梯形狀，會有失業敗財、錢財耗盡、人丁稀少之凶應。

◎ 住宅基地或屋型呈現左長右短、或右長左短之情形，住了之後會損及妻兒。

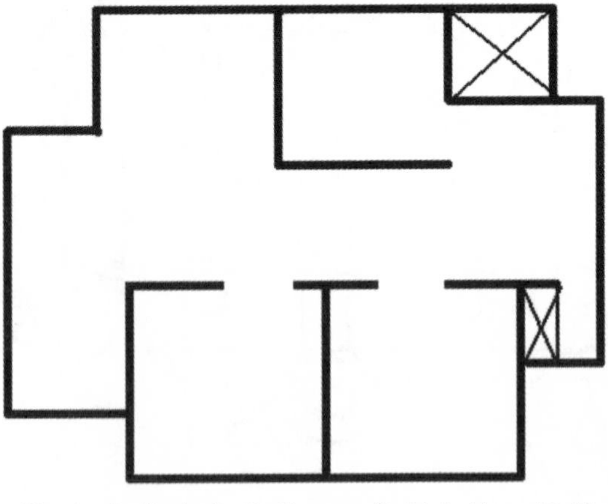

◎ 住宅基地或屋型之四角都欠缺，絕對不能居住，以免以後會有損丁及敗財之凶應。

◎ 住宅基地為前窄、後寬之正梯形狀，主居住之人必定是富而且貴，並且必定會開創出一番轟轟烈烈的事業。

◎ 住宅基地或屋型呈三角形者，若前尖後寬則稱為「從田筆」，住了之後會有人財兩失之凶應，尤其容易因女人引起而帶來凶災，或對女人本身產生不利。若為後尖前寬則稱為「火星拖尾」，住了之後則家人有自殺或罹患絕症之凶應。

◎ 樓梯設在住宅正中央，視為沖殺，主大凶，不可居住，主體弱多病、損男丁。

◎ 窗戶開在住宅的東邊，主大吉，為富貴並得、多子多孫之象徵。

◎ 商店或營業場所若設置神龕，絕對不可外露，也就是說要設在外面行人看不見的地方。

◎ 二樓以上之建築，若在騎樓之上方設客廳或主臥室，主大凶。

◎ 住宅基地或屋型為南北方向之長方形者，主大吉，家人居住之後乃是富貴並得、多子孫，生活愉快。

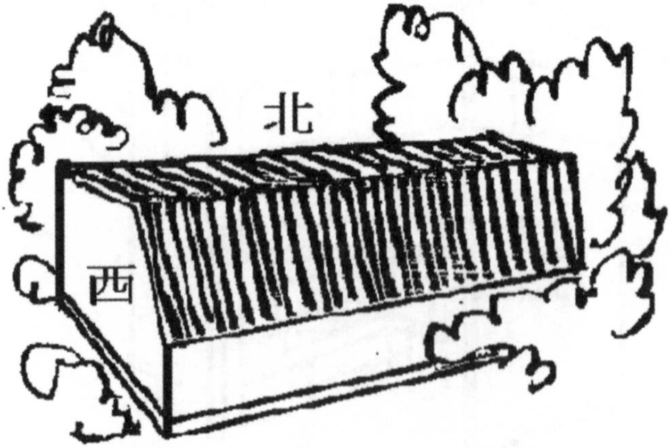

◎ 住宅基地或屋型為東西方向之長方形者，主大凶，若南北兩方又見凹陷者更凶，主有官訟、牢獄、破財、損丁之災。

伊索寓言

一隻小跳蚤停在一個大力士的赤腳上，並且咬了大力士一口，這件事使大力士嚇了一跳又措手無策，於是他向大力士神呼救。

這時跳蚤再跳到他腳上又咬了一口，大力士呻吟著說：「啊！大力士神，祢如果連一隻小跳蚤都不能幫我逐退的話，我又怎麼能夠靠祢來抵抗更強大的敵人呢？」

寓言：小人物也常能發揮舉足輕重的影響力。

第五章

玄空學

「玄空學」就是一般所說「三元玄空地理」之意，它是一門很精密且驗證性非常高的陰、陽宅堪輿學。就筆者為客戶做陽宅堪輿實務經驗而言，筆者發現前面幾章有關陽宅堪輿論述的派別，它們的驗證性並不高，甚至會產生矛盾的地方，例如以東、西四宅而言，東四命之人就要住在東四宅的房子，且宅內的門、路、床、廁、灶……等，也要依東四宅的吉凶方位來安置，這樣住在宅內的人才會平安、富貴發達；同理，西四命之人就要住在西四宅…等的論述。

就東、西四宅這一門派的論述，將陽宅堪輿簡單的二分法的分論，在現實生活上似乎是充滿矛盾，譬如一個人屬於東四命之人，他住在屬於西四宅的房子，難道他住在這一棟房子裡面就真的會有凶禍、災惡的事情發生嗎？

同樣的，一個家庭的組成份子，有可能部分為東四命之人、部分為西四命之人，那試問他們到底是要住在東四宅的房子好呢？還是要住在西四宅的房子，才能平安順遂並且富貴發達呢？這些都是令人疑惑、自相矛盾而又無法獲得解答的問題。

其次，就《魯班經》與《陽宅通則》的論述而言，它們都是以陽宅有形而看得到的外在景觀、格局、裝潢、形勢等，來為吉凶之判斷，只是這些陽宅有形的形體，以現在的建築、裝潢技術與美學觀念而言，都已經是趨於「真、善、美」的境界，例如就地形、地勢而言，不管是高樓大廈、華廈或是透天別墅，建設公司在蓋房子之前，可說是都已將地基建構得非常紮實、穩固與平坦，並無所謂前後高低等的問題。

至於室內格局，如果房子有裝潢的話，則設計師在規劃室內藍圖時，除了高雅、美觀之外，他們必定還會考慮到動線、採光、透視、隱密、層次……等格局的規劃，如此經過設計後而裝潢的房子，必定是一棟視覺完美、動線流暢且兼具美觀、實用的房子。或者是沒有裝潢的房子，現在的每一個人也都知道床、桌子、椅子、沙發、餐桌……等，絕對不要放在橫樑之下，房門不要正對廁所之門、廁所不要建於屋內的正中央、主臥室的面積一定要大於其他房間的面積、睡覺時腳不要朝外、屋內不要三扇門對成一直線……等，諸多大家所共通且知道的普遍常識。

可知這個以陽宅有形的形局來為堪輿吉凶之判斷，似乎是不切實際而且多此一舉，所以筆者在日常生活上，常聽到客戶以他們所知道、常聽到有關《陽宅通則》裡面的常識，來跟筆者談論有關陽宅的吉凶時，筆者常會跟客戶說：「陽宅堪輿吉凶的判斷，如果真如你們所知道那麼簡單，純粹以有形的形局為論述準則的話，那你們就可以自己來堪輿自家的陽宅，何必又要花錢請堪輿老師來幫你們做陽宅吉凶堪輿的判斷與改造呢？」

因此筆者目前在幫客戶做陽宅堪輿時，都是以「玄空學」做為堪輿吉凶判斷的論述準則。

在論述「玄空學」堪輿學理之前，筆者在此先請讀者準備下列幾樣工具：

1、指南針：要附有360度的刻度，越詳細越好。（如左圖）

2、透明投影片兩片：A4尺寸即可。投影片與指南針都可在文具行或書局買到。

3、將左圖之圖二、圖三分別影印到工具（2）之投影片上。

4、將已經影印好的兩張透明投影片，用剪刀依照圖二、圖三的圖樣剪下來，將不必要的空白部分剪掉，如此以便於使用與收藏。

◎圖一：附有360度圓周度的指南針盤。

1、通常讀者在改造自家陽宅時，可以使用此指南針做為堪輿的工具。將指南針由內向外放在自家出入的大門處、並緊貼大門，依此而測出自家陽宅的坐山、出向，及周天（圓周）度數，再對照圖二、圖三之表，而來做陽宅堪輿的改造。

2、左圖之指南針，在其右腰際有一個白色推鈕，當測出正確的周天方位度數後，將此白色推鈕往前推，此時針盤內的一個金色鐵片就會往上頂住指針，使指針固定而不再晃動。

3、由於指南針很會晃動，因此筆者覺得類似有這樣子設計的指南針，對一般讀者在使用上而言，應是一個很好又方便的使用工具；其次它的價格也很便宜，才約新台幣150元左右而已。

4、實際運作方法，詳後論述。

◎圖二：分度器與出卦圖。

此圖很明顯的將八卦中，每一卦在圓周（周天）360度範圍內所涵蓋度數的範圍，以較粗黑線標示出來。

關於每一卦所涵蓋度數的範圍，筆者將在後面二十四山中各山之度數中詳述，並請讀者相互對照之。

本圖位在八卦的交接處，共有八個橫粗格的方位，每一格共佔6度。這八個方位又稱之為「出卦位」，是不好的方位，因此在新建陽宅時，門向度數最好避開這幾個方位。

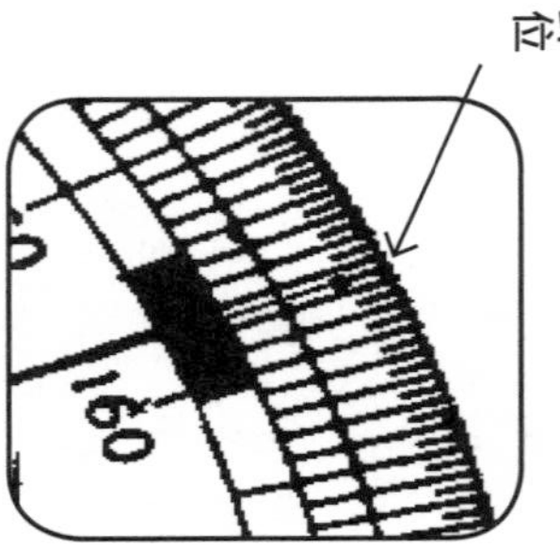

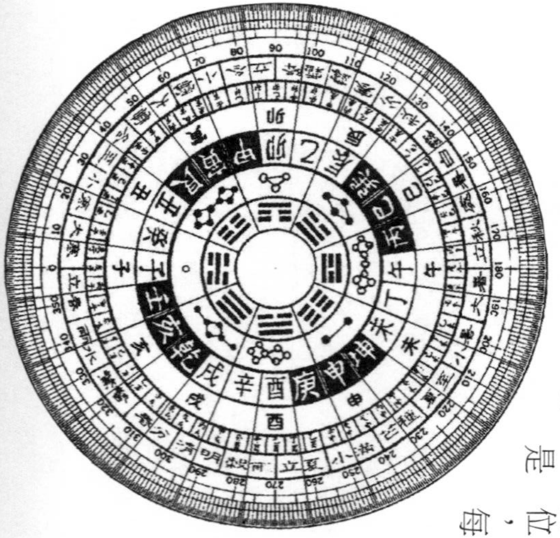

◎圖三：八卦、二十四山向圖。

◎本圖將每卦所管轄的三個坐山詳細表示出來，可與圖二相互對照使用。

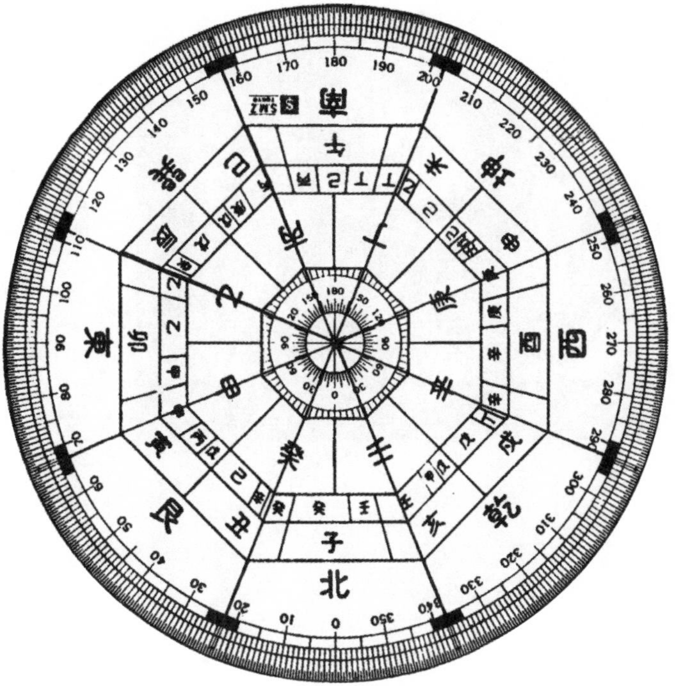

◎圖四：筆者使用的三元羅盤圖。

◎這是專業人士在使用的堪輿工具，所以一般讀者參考即可，可以不用瞭解。

一、玄空學概述

所謂「玄」，就是「理之微妙者」；所謂「空」，就是「穴」、就是「竅」，也是「神明的窗戶」。所以「玄空」兩字也可說是微妙「理氣」的竅門，因此「玄空學」所要探討的就是運行於宇宙間的磁場、存在於天地間的能量，以及微妙的「理氣」；它是將無形的磁場、能量，以「有形的數理」方式來探究大地之間因地形、地物，譬如高山、平原、河川、湖泊等的影響，而產生吉凶禍福的關係，並以堪輿學方式來為陰宅或陽宅之吉凶判斷與改造。

老子《道德經》說：「玄之又玄，眾妙之門」，這裡所說「玄之又玄」指的就是「易學」的學理，因此玄空學是以《易經》做為學理的根源，運用五行陰陽、先後天八卦……等的法則，來探究大地山川之間氣運的起伏與吉凶，並以數字一到九來表達大地之間的吉凶禍福，且一到九的每一個數字都代表一個地運、一個元運，每一個數字本身又有其吉凶禍福的涵義，因此這九個數字又稱之為「有形的數理」，並以它來探討微妙「理氣」的竅門，而這「理氣」正是玄空學精神的所在。

二、元運：

玄空學與其他風水堪輿學最大的不同，乃是玄空學非常注重「地運」、「元運」，也就是宇宙間磁場運行週期的掌握；在同一個地方，若在不同的元運、地運去建造陽宅或是安葬墳塋，由於所產生磁場的不同，就會產生不同吉凶禍福的影響。

至於所謂的「元運」、「地運」，也就是宇宙、大地磁場運行之運。「玄空學」將「地運」分為上元、中元、下元等三元運，並將地運分為九運、每一運為二十年，上元管一、二、三運，中元管四、五、六運，下元管七、八、九運，每一元運各管60年，三元運共計180年為一週期。

我國最近三元地運、元運的起始則是：

1、自民國十三年、甲子年起，至民國三十二年、癸未年止，為中元四運。

2、自民國三十三年、甲申年起，至民國五十二年、癸卯年止，為中元五運。

3、自民國五十三年、甲辰年起，至民國七十二年、癸亥年止，為中元六運。

4、自民國七十三年、甲子年起，至民國九十二年、癸未年止，為下元七運。

5、自民國九十三年、甲申年起，至民國一百一十二年、癸卯年止，為下元八運。

6、自民國一百一十三年、甲辰年起，至民國一百三十二年、癸亥年止，為下元九運。到第九運、癸亥年止，共180年為一週期。然後再從民國一百三十三年、甲子年起算第一運，如此周而復始，每二十年為一個元運管限之期間。

由於每一個元運都有其獨立管轄的年限、有其氣勢盛衰強弱的週期，所以說在同一個地方，但卻在不同的元運為陰、陽宅之修造時，就會產生不同吉凶禍福的影響。

這是有關元運的一個基本認知。其次我們要瞭解的是，玄空學一樣將大地的地氣磁場分為八大卦、二十四山向，此八大卦即是乾、坤、艮、巽之四隅卦，坎、離、震、兌之四正卦，二十四山則為壬子癸（坎卦）、丑艮寅（艮卦）、甲卯乙（震卦）、辰巽巳（巽卦）、丙午丁（離卦）、未坤申（坤卦）、庚酉辛（兌卦）、戌乾亥（乾卦）等。

這八大卦、二十四山向分別由天、人、地等三元龍管轄，而每一元龍各管八個山向：

1、天元龍管轄為：乾、坤、艮、巽、子、午、卯、酉，八個山向。

2、人元龍管轄為：寅、申、巳、亥、乙、丁、辛、癸，八個山向。

3、地元龍管轄為：甲、丙、庚、壬、辰、戌、丑、未，八個山向。

而這三元龍所管轄的二十四山分布成一個圓周，共計三百六十度，每一山各分配十五度、這十五度又細分為五個部分（分金，這是專業術語，一般讀者可以不用理會），每一個部分（分金）各得三度，故總計一百二十分金、三百六十度。

二十四山中每一山所分配度數的起迄分別為：（如左圖）

坎卦—壬山：337.5度～352.5度。　子山：352.5度～7.5度。　癸山：7.5度～22.5度。

艮卦—丑山：22.5度～37.5度。　艮山：37.5度～52.5度。　寅山：52.5度～67.5度。

震卦—甲山：67.5度～82.5度。　卯山：82.5度～97.5度。　乙山：97.5度～112.5度。

巽卦—辰山：112.5度～127.5度。　巽山：127.5度～142.5度。　巳山：142.5度～157.5度。

離卦—丙山：157.5度～172.5度。　午山：172.5度～187.5度。　丁山：187.5度～202.5度。

坤卦—未山：202.5度～217.5度。　坤山：217.5度～232.5度。　申山：232.5度～247.5度。

兌卦—庚山：247.5度～262.5度。　酉山：262.5度～277.5度。　辛山：277.5度～292.5度。

乾卦—戌山：292.5度～307.5度。　乾山：307.5度～322.5度。　亥山：322.5度～337.5度。

◎二十四山之度數分配圖。

◎這一張圖包含八卦、二十四山，及每一山在圓週360度中的分配明細。

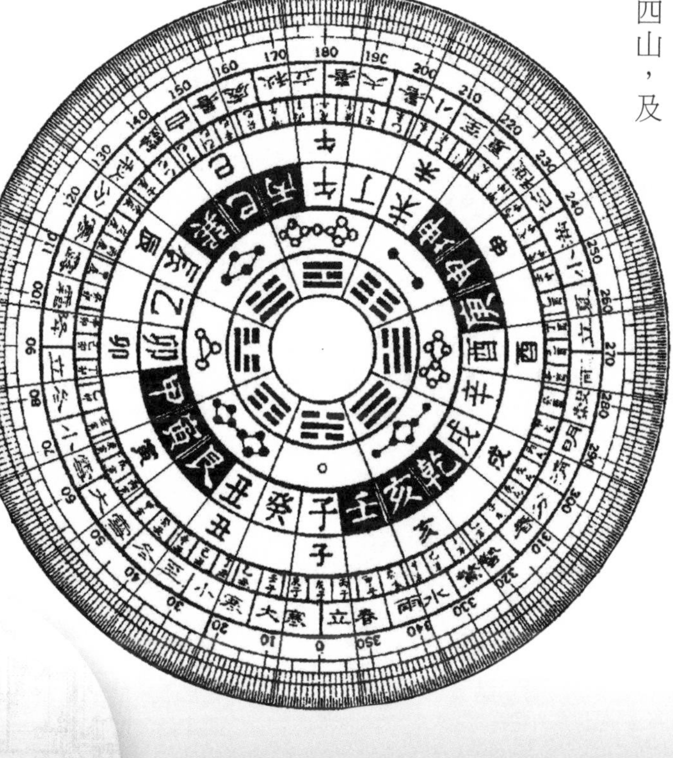

每一山又因其各部分（分金）位置之不同，而分為「下卦」與「替卦」，在中間三個部分（分金）之內、合計九度，就稱為「下卦」，在左右兩旁的部分（分金）、個別為三度，就稱為「替卦」：

壬山：下卦—340.5度～349.5度。　替卦—337.5度～340.5度；349.5度～352.5度。

子山：下卦—355.5度～4.5度。　替卦—352.5度～355.5度；4.5度～7.5度。

癸山：下卦—10.5度～19.5度。　替卦—7.5度～10.5度；19.5度～22.5度。

丑山：下卦—25.5度～34.5度。　替卦—22.5度～25.5度；34.5度～37.5度。

艮山：下卦—40.5度～49.5度。　替卦—37.5度～40.5度；49.5度～52.5度。

寅山：下卦—55.5度～64.5度。　替卦—52.5度～55.5度；64.5度～67.5度。

甲山：下卦—70.5度～79.5度。　替卦—67.5度～70.5度；79.5度～82.5度。

卯山：下卦—85.5度～94.5度。　替卦—82.5度～85.5度；94.5度～97.5度。

乙山：下卦—100.5度～109.5度。　替卦—97.5度～100.5度；109.5度～112.5度。

辰山：下卦—115.5度～124.5度。　替卦—112.5度～115.5度；124.5度～127.5度。

巽山：下卦—130.5度～139.5度。　替卦—127.5度～130.5度；139.5度～142.5度。

巳山：下卦—145.5度～154.5度。替卦—142.5度～145.5度；154.5度～157.5度。

丙山：下卦—160.5度～169.5度。替卦—157.5度～160.5度；169.5度～172.5度。

午山：下卦—175.5度～184.5度。替卦—172.5度～175.5度；184.5度～187.5度。

丁山：下卦—190.5度～199.5度。替卦—187.5度～190.5度；199.5度～202.5度。

未山：下卦—205.5度～214.5度。替卦—202.5度～205.5度；214.5度～217.5度。

坤山：下卦—220.5度～229.5度。替卦—217.5度～220.5度；229.5度～232.5度。

申山：下卦—235.5度～244.5度。替卦—232.5度～235.5度；244.5度～247.5度。

庚山：下卦—250.5度～259.5度。替卦—247.5度～250.5度；259.5度～262.5度。

酉山：下卦—265.5度～274.5度。替卦—262.5度～265.5度；274.5度～277.5度。

辛山：下卦—280.5度～289.5度。替卦—277.5度～280.5度；289.5度～292.5度。

戌山：下卦—295.5度～304.5度。替卦—292.5度～295.5度；304.5度～307.5度。

乾山：下卦—310.5度～319.5度。替卦—307.5度～310.5度；319.5度～322.5度。

亥山：下卦—325.5度～334.5度。替卦—322.5度～325.5度；334.5度～337.5度。

以上的山向度數及下卦、替卦度數的範圍非常重要，請讀者務必要詳讀與瞭解，能夠

背起來的話，就將它背誦起來，因為「玄空學」在陰、陽宅坐向方位上，就度數的要求是非常嚴謹而精密，因「下卦」與「替卦」度數的不同，卦氣就有更改，如此就會產生不一樣吉凶禍福的驗斷。

至此為止，我們已經初步瞭解玄空學上的九個元運、八大卦、二十四山、每個坐山涵蓋的周天度數，及各個坐山的下卦與替卦。然而它們彼此間的關係又是如何，詳後述說。

三、元運之「靜盤」與九宮飛調之「動盤」

玄空學就陽宅之堪輿，並不像其他的門派只是強調有形的建物構造、擺設位置，譬如前面所說的兩門不相對、廁所不建於屋宅中央、客廳對角線的最遠處就是財庫位……等，似是而非的論述。

玄空學除了著重於有形之地形、地物建構及擺設的影響外，並且非常注重因無形磁場元運的輪替、飛調，而產生吉凶禍福的影響。它以磁場飛調出來的元運再配合有形的器物，依此而來堪輿及改造陰、陽宅。玄空地理學將大地磁場分為九宮、九部分，以前述所說八卦各管一宮，再加上中間宮位，合併統稱九宮。這八大卦及中宮各有其原本所屬元運及歸屬方位，而八卦、九宮所屬元運、方位依序為：「坎卦：一運、正北方；坤卦：二運、西南方；震卦：三運、正東方；巽卦：四運、東南方；中宮：五運、正中央；乾卦：六運、西北方；兌卦：七運、正西方；艮卦：八運、東北方；離卦：九運、正南方。」這種依照八卦原來元運及中宮所排出的九宮格（盤），固定不變的宮位，在玄空學稱之為「元旦盤」或是「靜盤」，而八卦本身之宮位則稱為「本宮」。如下表：

◎九宮靜盤

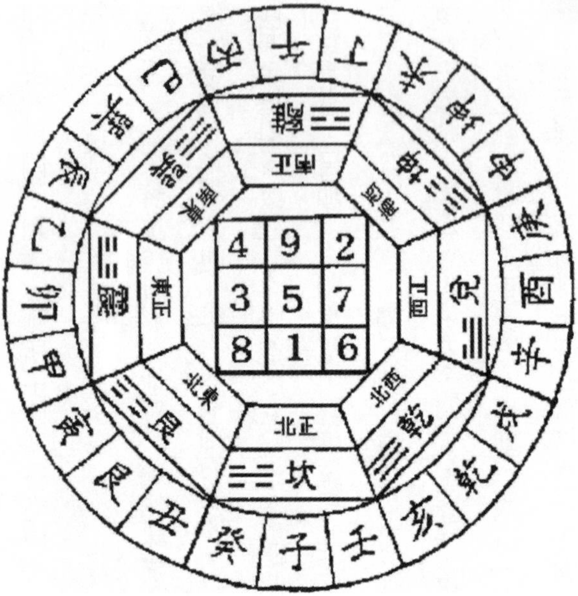

上表的九宮格是一個固定不變的「元旦盤」、「靜盤」，但因元運每二十年就會更替一次，所以陽宅元運的建立，也會因其修造年限的不同而有不同的元運。

玄空學是以陽宅建造完工期，或是大門改建完工期，抑或是搬入該陽宅居住之時期等，看是在哪一年而來推定該陽宅建立的元運。譬如有一棟陽宅是於民國90年完工，或是於該年搬入居住，抑或是在民國72年之前完工，但卻在90年重新改造大門者，則這一棟陽宅我們就以七運做為它的元運。

至於所謂的「九宮飛調」，則是當我們在為陽宅堪輿時，已事先得知陽宅的元運，此時我們就以「元旦盤」、「靜盤」中八卦及中宮所屬方位為固定方位、以元運之數字為排列序數，並看陽宅是屬於哪一元運，即以該元運的數字套入中宮，然後再依數字順序照順時鐘方向飛調九宮，如此而得出來的元運盤就稱為「運盤」、「動盤」或是「天盤」。

筆者今就民國十三年、元運為四運起，至民國一九二年、元運為三運止，分列九宮運盤於後：

◎**表一**：自民國十三年、甲子年起，至民國三十二年、癸未年止，為中元四運。

九宮靜盤		
巽 4	離 9	坤 2
震 3	中 5	兌 7
艮 8	坎 1	乾 6

◎　四運當運，九宮飛調之「動盤」。

以四入中宮，然後依照數字順序五、六、七、八、九、一、二、三等，以順時鐘方向為中四、乾五、兌六、艮七、離八、坎九、坤一、震二、巽三等，飛調九宮而求出如下之動盤。

九宮運（動）盤		
巽 三	離 八	坤 一
震 二	中 四	兌 六
艮 七	坎 九	乾 五

◎**表二：**自民國三十三年、甲申年起，至民國五十二年、癸卯年止，為中元五運。

九宮靜盤		
巽 4	離 9	坤 2
震 3	中 5	兌 7
艮 8	坎 1	乾 6

◎五運當運，九宮飛調之「動盤」。

以五入中宮，然後依照數字順序六、七、八、九、一、二、三、四等，以順時鐘方向為中五、乾六、兌七、艮八、離九、坎一、坤二、震三、巽四等，飛調九宮而求出如下之動盤。

九宮運（動）盤		
巽四	離九	坤二
震三	中五	兌七
艮八	坎一	乾六

◎**表三：**自民國五十三年、甲辰年起，至民國七十二年、癸亥年止，為中元六運。

九宮靜盤		
巽 4	離 9	坤 2
震 3	中 5	兌 7
艮 8	坎 1	乾 6

◎六運當運，九宮飛調之「動盤」。

以六入中宮，然後依照數字順序七、八、九、一、二、三、四、五等，以順時鐘方向為中六、乾七、兌八、艮九、離一、坎二、坤三、震四、巽五等，飛調九宮而求出如下之動盤。

九宮運（動）盤		
巽五	離一	坤三
震四	中六	兌八
艮九	坎二	乾七

◎表四：自民國七十三年、甲子年起，至民國九十二年、癸未年止，為下元七運。

九宮靜盤		
巽 4	離 9	坤 2
震 3	中 5	兌 7
艮 8	坎 1	乾 6

◎七運當運，九宮飛調之「動盤」。

以七入中宮，然後依照數字順序八、九、一、二、三、四、五、六等，以順時鐘方向為中七、乾八、兌九、艮一、離二、坎三、坤四、震五、巽六等，飛調九宮而求出如下之動盤。

九宮運（動）盤		
巽 六	離 二	坤 四
震 五	中 七	兌 九
艮 一	坎 三	乾 八

◎表五：自民國九十三年、甲申年起，至民國一百一十二年、癸卯年止，為下元八運。

九宮靜盤		
巽 4	離 9	坤 2
震 3	中 5	兌 7
艮 8	坎 1	乾 6

◎八運當運，九宮飛調之「動盤」。

以八入中宮，然後依照數字順序九、一、二、三、四、五、六、七等，以順時鐘方向為中八、乾九、兌一、艮二、離三、坎四、坤五、震六、巽七等，飛調九宮而求出如下之動盤。

九宮運（動）盤		
巽 七	離 三	坤 五
震 六	中 八	兌 一
艮 二	坎 四	乾 九

◎表六：自民國一百一十三年、甲辰年起，至民國一百三十二年、癸亥年止，為下元九運。

九宮靜盤		
巽 4	離 9	坤 2
震 3	中 5	兌 7
艮 8	坎 1	乾 6

◎九運當運，九宮飛調之「動盤」。

以九入中宮，然後依照數字順序一、二、三、四、五、六、七、八等，以順時鐘方向為中九、乾一、兌二、艮三、離四、坎五、坤六、震七、巽八等，飛調九宮而求出如下之動盤。

九宮運（動）盤		
巽 八	離 四	坤 六
震 七	中 九	兌 二
艮 三	坎 五	乾 一

◎表七：自民國一百三十三年、甲子年起，至民國一百五十二年、癸未年止，為上元一運。

九宮靜盤		
巽 4	離 9	坤 2
震 3	中 5	兌 7
艮 8	坎 1	乾 6

◎一運當運，九宮飛調之「動盤」。

以一入中宮，然後依照數字順序二、三、四、五、六、七、八、九等，以順時鐘方向為中一、乾二、兌三、艮四、離五、坎六、坤七、震八、巽九等，飛調九宮而求出如下之動盤。

九宮運（動）盤		
巽 九	離 五	坤 七
震 八	中 一	兌 三
艮 四	坎 六	乾 二

◎**表八：**自民國一百五十三年、甲申年起，至民國一百七十二年、癸卯年止，為上元二運。

九宮靜盤		
巽 4	離 9	坤 2
震 3	中 5	兌 7
艮 8	坎 1	乾 6

◎二運當運，九宮飛調之「動盤」。

以二入中宮，然後依照數字順序三、四、五、六、七、八、九、一等，以順時鐘方向為中二、乾三、兌四、艮五、離六、坎七、坤八、震九、巽一等，飛調九宮而求出如下之動盤。

九宮運（動）盤		
巽 一	離 六	坤 八
震 九	中 二	兌 四
艮 五	坎 七	乾 三

◎**表九：**自民國一百七十三年、甲辰年起，至民國一百九時二年、癸亥年止，為上元三運。

九宮靜盤		
巽 4	離 9	坤 2
震 3	中 5	兌 7
艮 8	坎 1	乾 6

◎三運當運，九宮飛調之「動盤」。

以三入中宮，然後依照數字順序四、五、六、七、八、九、一、二等，以順時鐘方向為中三、乾四、兌五、艮六、離七、坎八、坤九、震一、巽二等，飛調九宮而求出如下之動盤。

九宮運（動）盤		
巽 二	離 七	坤 九
震 一	中 三	兌 五
艮 六	坎 八	乾 四

這九個元運的「動盤」再配合「下卦」或「替卦」坐向方位度數的不同，依此而飛調出來的「山、水挨星盤」，就是玄空學用來推算陽宅無形磁場的「理氣」，並依此「理氣」而來驗斷陽宅過往或未來的吉凶禍福。筆者以玄空學的「理氣」來為客戶堪輿陽宅時，其驗斷性之精確常會讓客戶折服而覺得不可思議。

在要進一步瞭解「山、水挨星盤」、玄空學「理氣」之前，我們先行瞭解九運之九個數字本身所代表的象意，及其彼此間強弱起伏的互動關係。

四、九運、九星的表徵與得局、失局之應事

我們將前述一到九之九個數字、九個元運，依照不同元運而飛調出九宮動盤後，這時在動盤裡面的九個數字又稱之為「九星」、「挨星」。這個九運、九星本身將會因元運之輪轉、更替而產生是否為當旺之運、已過期之運，抑或是未來將到之運的不同，也因此而有強弱衰旺之氣，與吉凶禍福的不同影響；因此九星可以說就是用來論述陽宅吉凶禍福的根基。

1、九星因用事元運之不同，而會產生強弱衰旺等不同的令星，至於此令星強弱衰旺的分判，則是以當元之運的令星為最旺、未來下一運為次旺、其次則為輔用星；若是已經歷過元運的令星，則為衰退星、殺氣星，如下頁表：

九星運	主旺星	次旺星	生氣星	輔用星	衰退星	煞氣
一運	一白	二黑	三碧	八白	九紫、六白、七赤	五黃、七赤
二運	二黑	三碧	四綠	八白	一白、六白、九紫	五黃、七赤
三運	三碧	四綠	五黃	八白	二黑、一白、六白	七赤、九紫
四運	四綠	五黃	六白	一．八白	三碧、二黑、八白	七赤、九紫

五運	五黃	六白	七赤	一・八白	四綠、二黑、三碧	九紫
六運	六白	七赤	八白	一・八白	五黃、四綠、九紫	二黑、三碧
七運	七赤	八白	九紫	一白	六白、四綠、五黃	二黑、三碧
八運	八白	九紫	一白	一白	七赤、二黑、六白	三碧、四綠、五黃
九運	九紫	一白	二黑	一白	八白、六白、七赤	三碧、四綠、五黃

◎旺氣：乃是當令之氣，也是宅居的財庫位，故山盤挨星處之磁場擺設得宜，必能夫妻恩愛、出子賢孝、文章顯達、身心健康、仕途坦順、事業順遂、富貴雙享；水盤挨星處之磁場若擺飾得宜，將可出子聰穎、科舉中第、金榜題名、經商致富、薪津優厚、積財萬貫、發達迅速。

◎生氣：乃受當令之氣所生，故為未來將旺之星，其力量僅次於旺氣星。

◎輔氣：乃在輔用旺氣之星。

◎衰退氣：乃是已過之氣，代表著逐漸衰退之情狀，故如山、水盤挨星之磁場擺設錯置於此處者，山盤之錯置，將導致夫妻失和、居家破敗、出蠢庸之人、失業敗財、體弱多病；水盤之錯置，將導致工作不順、降職減薪、錢財流失、經營之事業陷於困頓。

◎煞氣：乃是最為不吉、凶頑之氣，不管山盤或水盤之錯置，輕者，須防身體生腫瘤、惡疾等難治之疾、官訟牢獄之災、失業損財、遭逢竊盜宵小；重者，須防有意外不測之橫禍、損丁、官訟牢獄之災、破業敗財、休業關閉。

2、九運、九星本身的表徵及得令或失令所產生吉凶禍福的影響：

洛書九運	星數	象意	六親	身體部位與疾病
一白坎水	貪狼	智慧、思考	中男	血液、智力、泌尿生殖系統、腎臟、憂鬱、白內障。
二黑坤土	巨門	胸襟、財富	母親	腸胃、脾臟、消化系統、黃疸、失眠。
三碧震木	祿存	鬥志、進取	長男	腦神經衰弱、筋絡、四肢、恐懼症。
四綠巽木	文曲	守信、文才	長女	肝膽病、肱股、氣喘病、頭髮、風濕關節痛。
五黃中土	廉貞	極權、統馭		內分泌、自律神經失調、惡性瘤、腦溢血、胃出血。
六白乾金	武曲	領袖、魄力	父親	胸部、骨骼、呼吸系統病變、頭痛、腦溢血。
七赤兌金	破軍	口才、交際	少女	口腔、食道病變、喉嚨痛、牙痛、婦女病。
八白艮土	左輔	儲蓄、革新	少男	腰背、脊椎、坐骨神經痛、風濕關節痛、癱瘓。
九紫離火	右弼	榮譽、腦力	中女	心臟病、發瘋、喪失理智、腦出血、高燒、青光眼。

九星	得令、合局之吉應	失令、失局之凶應
一白	金榜題名、聲名遠播，出智慧兒、學者。	貪淫好色、飄盪、剋妻、盜賊、出白癡兒。
二黑	土財主、旺丁、忠厚，出武貴、女人掌權。	守寡、鄙吝、難產、腹痛、久疾纏身。
三碧	長房旺財丁、創業有成，出運動、探險家。	因傷害而殘疾、哮喘病、做事有始無終。
四綠	中科舉、文章顯，出才女或文學、藝術家。	風流成性、男女淫蕩、自縊、懦弱無能。
五黃	驟發富貴、統大權，出正直、偉大人物。	獨裁專制、孤獨、惡疾纏身、官訟是非。
六白	權貴集一身、武將揚名，出領袖、政治家。	喪妻刑子、孤貧、寡母、出罪犯、不孕。
七赤	財丁並旺，出武貴、外交官、法官、影星。	牢獄官訟、是非口舌、殘暴無情、出兇徒。
八白	小房旺財丁、富貴綿遠，出忠肝義膽之人。	損幼子、頑固、自陷象牙塔、瘟疫惡疾。
九紫	金榜題名、光明磊落，出急公好義之人。	火災、殘疾癲癇、極端好鬥、匹夫偽善者。

五、理氣、山水挨星盤

玄空學「山、水挨星盤」的求法，乃是要先知道這一處要堪輿房屋的元運是哪一運，就以該運的「動盤」為準則，並以羅盤或指南針（一般讀者使用）求出該棟房屋坐山、對向為哪一個山向，及周天（圓周）度數為幾度（此時一般讀者可以將此圓周度數對照已經影印到透明投影片上的二十四山向圖，以此求出坐山是何山、對向是何向。所謂坐山，就是靠近測量者的位置；對面的地方就是對向）。

當我們測出坐山周天（圓周）度數後，必須看它是位在「下卦」或是「替卦」的度數範圍內，而會有不同「山、水挨星盤」的求法：

1、下卦「山、水挨星盤」之求法：

當所測得坐山之周天度數在每一山中間九度的範圍之內時，這就是屬於「下卦」的範圍（詳166～167頁），此時就以當時元運的「運盤」為根本盤（詳170～175頁），以坐山的九星為「山盤」、對向的九星為「水盤」、「向盤」，並將這「山、水」盤的兩個九星置入中宮，其中「山盤」九星放左邊，「水盤」、「向盤」九星放右邊，並依乾、兌、艮、離、坎、坤、震、巽等順序，飛調、調遞九宮。例如民國90年、元運為七運，所測得的周天度數為2度、子山午向（子山、周天度數分布範圍為：352.5度～7.5度，其中355.5度～4.5度之中間九度，屬於下卦盤局。詳前述），此時坐山（子山）九星為3、對向（午向）九星為2，我們就將山盤3、水盤2置於中宮，並且山盤3放於左邊、水盤2放在右邊。

在將山、水盤九星置於中宮後、要飛調九宮之前，有一個非常重要的重點，就是要再分別這個坐山與對向在天、地、人三元龍中分別是屬於哪一元龍（註一），並對應其本身宮內運盤九星屬於同一元龍之山、向，在二十四山中五行的屬性為「陽」或是為「陰」（註二）；如果宮內所對應運星元龍屬性屬「陽」的話，在順飛九宮時，其九星的數字也是依序順數下去；但如果運星元龍屬性屬「陰」的話，則在順飛九宮的同時，其九星的數字則是逆數（倒數）下去。例如子山午向、下卦、下元七運，則中宮的山、水盤分別為山盤3、水盤2，此時我們再看該子山屬於坎宮、為天元龍，對應坎宮內的運星：三、為震卦、內含甲卯乙三山，其中卯為天元龍、五行屬性為陰；同樣，午向屬離宮、為天元龍，對應離宮內運星：二、為坤卦、內含未坤申三山，其中坤為天元龍、五行屬性為陽。

由前述得知中宮之山盤3、對應九星之元龍屬陰，此時即以2、1、9、8、7、6、5、4等逆排數字之方式，依序順飛乾、兌、艮、離、坎、坤、震、巽等九宮；水盤2、對應九星之元龍屬陽，此時即以3、4、5、6、7、8、9、1等順排數字之方式，依序順飛九宮。山、水挨星依此「陽順、陰逆」順飛九宮的原則所求出之盤局就稱為「山、水挨星盤」、又簡稱為「星盤」。

註一：1、天元龍管轄為：乾、坤、艮、巽、子、午、卯、酉，八個山向。

2、人元龍管轄為：寅、申、巳、亥、乙、丁、辛、癸，八個山向。

3、地元龍管轄為：甲、丙、庚、壬、辰、戌、丑、未，八個山向。

註二：二十四山五行之陰、陽：

1、五行屬陽者：乾、坤、艮、巽、寅、申、巳、亥、甲、丙、庚、壬。

2、五行屬陰者：子、午、卯、酉、乙、丁、辛、癸、辰、戌、丑、未。

為了要使讀者能夠更瞭解「山、水挨星盤」的求法，筆者再以表格、圖文敘述於後。

◎圖例一：子山午向、周天度數為2度、下卦、下元七運，「山水挨星盤」之求法：

午 向

4 1 巽 六	8 6 離 二	6 8 坤 四
5 9 震 五	3 2 **山 水** 中 七	1 4 兌 九
9 5 艮 一	7 7 坎 三	2 3 乾 八

子 山

◎坐山：子山，位在坎宮，運盤九星（運星）為：三。今將三置入中宮的左邊，以數字3為山盤代表，以便跟運盤三的數字區別。「子」屬於天元龍。

◎坐山運盤九星：三，為震卦，管轄甲、卯、乙三山，與「子山」對應之天元龍為「卯」、「卯」之五行屬性為「陰」。所以「星數3」之山盤入中宮而順飛九宮時，其餘數字要以2、1、9、8、7、6、5、4等逆數方式順飛九宮。

◎對向：午向，位在離宮，運盤九星（運星）為：二。今將二置入中宮的右邊，以數字2為水盤、向盤代表，以便跟運盤二的數字區別。「午」屬於天元龍。

◎對向運盤九星為：二、為坤卦，管轄未、坤、申三山，與「午向」對應之天元龍為「坤」，「坤」之五行屬性為「陽」。所以「星數2」之水盤入中宮而順飛九宮時，其餘數字要以3、4、5、6、7、8、9、1等順數方式順飛九宮。

◎入中宮之山、水盤九星依「陽順、陰逆」的九宮飛調原則而得出「山水挨星盤」。

◎所謂「三元龍的對應」，事實上乃是兩個卦就所管轄的三個山中，第一個山對應第一個山（地元龍）、第二個山對應第二個山（天元龍）、第三個山對應第三個山（人元龍）。

◎圖例二：巳山亥向、周天度數為153度、下卦、下元八運，「山水挨星盤」之求法：

巳山

8 1 巽 七	3 5 離 三	1 3 坤 五
9 2 震 六	7 9 **山 水** 中 八	5 7 兌 一
4 6 艮 二	2 4 坎 四	6 8 乾 九

亥向

◎坐山：巳山，位在巽宮，運盤九星（運星）為：七。今將七置入中宮的左邊，以數字7為山盤代表，以便跟運盤七的數字區別。「巳」屬於人元龍。

◎坐山運盤九星：七，為兌卦，管轄庚、酉、辛三山，與「巳山」對應之人元龍為「辛」、「辛」之五行屬性為「陰」。所以「星數7」之山盤入中宮而順飛九宮時，其餘數字要以6、5、4、3、2、1、9、8等逆數方式順飛九宮。

◎對向：亥向，位在乾宮，運盤九星（運星）為：九。今將九置入中宮的右邊，以數字9為水盤、向盤代表，以便跟運盤九的數字區別。「亥」屬於人元龍。

◎對向運盤九星為：九、為離卦，管轄丙、午、丁三山，與「亥向」對應之人元龍為「丁」，「丁」之五行屬性為「陰」。所以「星數9」之水盤入中宮而順飛九宮時，其餘數字要以8、7、6、5、4、3、2、1等逆數方式順飛九宮。

◎入中宮之山、水盤九星依「陽順、陰逆」的九宮飛調原則而得出「山水挨星盤」。

2、替卦「山水挨星盤」之求法：

由前述得知，下卦的周天度數是在每一山的中間九度，但如果所測得坐山的周天度數是在每一山左、右兩邊三度範圍之內時（例如子山，周天度數分布範圍為：352.5度～7.5度，其中352.5～355.5及4.5～7.5度即是），這就是「替卦」的範圍。

替卦同樣是以當時元運的運盤為根本盤，但是其入中宮飛調九宮的山、水盤挨星，就不再以坐山、對向宮內之「運星」為主，而是以另外的九個「星數」，做為入中宮飛調九宮的山、水盤挨星。

替卦因為是以「星數」代替「運星」入中宮來飛調九宮，所以又稱為「起星」，也就是以「星數」起挨星法的意思。至於這九個「星數」分別為：貪狼星→一；巨門星→二；祿存星→三；文曲星→四；廉貞星→五；武曲星→六；破軍星→七；左輔星→八；右弼星→九。

替卦既是以「星數」代替「運星」，而它的替代準則，以何「星數」替代何「運星」，先賢寫下一段非常重要的「挨星口訣」如左，也請讀者能將它背誦下來：

(1)甲子癸申「貪狼」尋。

註：原來宮內對應的「運星」如為甲、子、癸、申等挨星者，就以貪狼星「一」入中宮，做為飛調九宮的挨星。

(2)坤壬乙卯未「巨門」。

註：原來宮內對應的「運星」如為坤、壬、乙、卯、未等挨星者，就以巨門星「二」入中宮，做為飛調九宮的挨星。

(3)乾巽二卦皆「武曲」。

註：原來宮內對應的「運星」如為戌、乾、亥、辰、巽、巳等挨星者，就以武曲星「六」入中宮，做為飛調九宮的挨星。

（4）艮丙辛酉丑「破軍」。

註：原來宮內對應的「運星」如為艮、丙、辛、酉、丑等挨星者，就以破軍星「七」入中宮，做為飛調九宮的挨星。

（5）寅午庚丁是「弼星」。

註：原來宮內對應的「運星」如為寅、午、庚、丁等挨星者，就以右弼星「九」入中宮，做為飛調九宮的挨星。

在這一首歌訣裡面，我們可以發現宮內對應的「運星」之中，沒有「五」這一個運星的數字，但是在九宮運盤裡卻是存在著「五」這一個數字。因此當我們測得的坐山或是對向之「運星」數為「五」時，由於歌訣中沒有「星數」可以跟「運星、五」來對應，此時我們就以「運星」的「五」入中宮，以做為飛調九宮之山、水盤挨星。

當入中宮的挨星「星數」求出之後，其數字「陽順、陰逆」順飛九宮的原則，與下卦一樣，也是以坐山、對向本宮內所對應「運星」元龍的五行屬性為準則，如果五行屬性屬

「陽」，則中宮挨星數字就以順數方式來順飛九宮；如果屬性屬「陰」，其中宮挨星數字就以逆數方式來順飛九宮。這裡中宮的挨星「星數」，包括「運星、五」入中宮的數字。

就這個「替卦」、「起星」之山水挨星盤的求法，筆者同樣以圖例說明於後：

◎圖例一：子山午向、周天度數為354度、替卦、下元七運，「山水挨星盤」之求法：

◎坐山：子山，位在坎宮，運盤九星（運星）為：三、為震卦，管轄甲、卯、乙三山，與「子」對應之天元龍為「卯」。

◎由歌訣得知，「卯」對應之「星數」為「巨門星、二」，所以我們就將二置入中宮的左邊，以數字2為山盤之代表，以便跟運盤三的數字區別。

午向

3 1 巽 六	7 6 離 二	5 8 坤 四
4 9 震 五	2 2 **山 水** 中 七	9 4 兌 九
8 5 艮 一	6 7 坎 三	1 3 乾 八

子山

◎由於「卯」之五行屬性為「陰」，所以「星數2」之山盤入中宮而順飛九宮時，其餘數字要以1、9、8、7、6、5、4、3等逆數方式順飛九宮。

◎對向：午向，位在離宮，運盤九星（運星）為：二、為坤卦，管轄未、坤、申三山，與「午」對應之天元龍為「坤」。

◎由歌訣得知，「坤」對應之「星數」也為「巨門星、二」，所以我們就將二置入中宮的右邊，以數字2為水盤、向盤代表，以便跟運盤二的數字區別。

◎由於「坤」之五行屬性為「陽」，所以「星數2」之水盤入中宮而順飛九宮時，其餘數字要以3、4、5、6、7、8、9、1等順數方式順飛九宮。

◎入中宮之山、水盤九星依「陽順、陰逆」的九宮飛調原則而得出「山水挨星盤」。

◎圖例二：庚山甲向、周天度數為249.5度、替卦、下元八運，「山水挨星盤」之求法：

◎ 坐山：庚山，位在兌宮，運盤九星(運星)為：一、為坎卦，管轄壬、子、癸三山，與「庚」對應之地元龍為「壬」。

◎ 由歌訣得知，「壬」對應之「星數」為「巨門星、二」，所以我們就將二置入中宮的左邊，以數字2為山盤之代表，以便跟運盤一的數字區

庚山

1 7 巽 七	6 2 離 三	8 9 坤 五
9 8 震 六	2 6 **山** **水** 中 八	4 4 兌 一
5 3 艮 二	7 1 坎 四	3 5 乾 九

甲向

別。

◎由於「壬」之五行屬性為「陽」，所以「星數2」之山盤入中宮而順飛九宮時，其餘數字要以3、4、5、6、7、8、9、1等順數方式順飛九宮。

◎對向：甲向，位在震宮，運盤九星（運星）為：六、為乾卦，管轄戌、乾、亥三山，與「甲」對應之地元龍為「戌」。

◎由歌訣「乾、巽二卦皆武曲」得知，運盤九星（運星）為六、四等乾、巽二卦所管轄的六個山、向，皆以「武曲星、六」為對應的星數。

◎對向：甲向，所對應之「星數」為「武曲星、六」，所以我們就將六置入中宮的右邊，以數字6為水盤、向盤代表，以便跟運盤六的數字區別。

◎由於「戌」之五行屬性為「陰」，所以「星數6」之水盤入中宮而順飛九宮時，其餘數字要以5、4、3、2、1、9、8、7等逆數方式順飛九宮。

◎入中宮之山、水盤九星依「陽順、陰逆」的原則九宮而得出「山水挨星盤」。

◎**圖例三：**辰山戌向、周天度數為113度、替卦、下元九運，「山水挨星盤」之求法：

◎坐山：辰山，位在巽宮，運盤九星（運星）為：八、為艮卦，管轄丑、艮、寅三山，與「辰」對應之地元龍為「丑」。

◎由歌訣得知，「丑」對應之「星數」為「破軍星、七」，所以我們就將七置入中宮的左邊，以數字7為山盤之代表，以便跟運盤八的數字區別。

辰 山

8 1 巽 八	3 6 離 四	1 8 坤 六
9 9 震 七	7 2 **山 水** 中 九	5 4 兌 二
4 5 艮 三	2 7 坎 五	6 3 乾 一

戌 向

◎由於「丑」之五行屬性為「陰」，所以「星數7」之山盤入中宮而順飛九宮時，其餘數字要以6、5、4、3、2、1、9、8等逆數方式順飛九宮。

◎對向：戌向，位在乾宮，運盤九星（運星）為：一、為坎卦，管轄壬、子、癸三山，與「戌」對應之地元龍為「壬」。

◎由歌訣得知，「壬」對應之「星數」為「巨門星、二」，所以我們就將二置入中宮的右邊，以數字2為水盤、向盤代表，以便跟運盤一的數字區別。

◎由於「王」之五行屬性為「陽」，所以「星數2」之水盤入中宮而順飛九宮時，其餘數字要以3、4、5、6、7、8、9、1等順數方式順飛九宮。

◎入中宮之山、水盤九星依「陽順、陰逆」的九宮飛調原則而得出「山水挨星盤」。

◎圖例四：申山寅向、周天度數為255.5度、替卦、下元八運，「山水挨星盤」之求法：

◎ 坐山：申山，位在坤宮，運盤九星(運星)為：「五」，五在八卦中無卦象，管轄戊、己二山，所以無對應之山。

◎ 由於「運星五」並無對應的山向(下卦與替卦都是)，因此直接將「五」置入中宮左邊，並以數字5為山盤之代表，以便跟運盤五的數字區別。

申山

4 9 巽 七	9 5 離 三	2 7 坤 五
3 8 震 六	5 1 **山 水** 中 八	7 3 兌 一
8 4 艮 二	1 6 坎 四	6 2 乾 九

寅向

◎此時再看坐山五行陰、陽之屬性，來決定「五」入中宮後「陽順、陰逆」的原則。

◎由於坐山「申」之五行屬性為「陽」，所以「運星5」之山盤入中宮而順飛九宮時，其餘數字要以6、7、8、9、1、2、3、4等順數方式順飛九宮。

◎對向：寅向，位在艮宮，運盤九星（運星）為：二、為坤卦，管轄未、坤、申三山，與「寅」對應之天元龍為「申」。由歌訣得知，「申」對應之「星數」為「貪狼星、一」，所以我們就將一置入中宮的右邊，以數字1為水盤、向盤代表，以便跟運盤二的數字區別。

◎由於「申」之五行屬性為「陽」，所以「星數1」之水盤入中宮而順飛九宮時，其餘數字要以2、3、4、5、6、7、8、9等順數方式順飛九宮。

◎入中宮之山、水盤九星依「陽順、陰逆」的原則九宮而得出「山水挨星盤」。

前述下卦與替卦挨星盤的求法，對一般讀者而言，在初學時可能無法馬上理解並求出挨星盤。因此筆者今就一到九運用事之元運，分別下卦與替卦，分列九宮挨星表如後（左山盤、右水盤）：

◎下卦。1、上元一運：

壬山丙向

7 4 巽 九	2 9 離 五	9 2 坤 七
8 3 震 八	6 5 中 一	4 7 兌 三
3 8 艮 四	1 1 坎 六	5 6 乾 二

子山午向

5 6 巽 九	1 1 離 五	3 8 坤 七
4 7 震 八	6 5 中 一	8 3 兌 三
9 2 艮 四	2 9 坎 六	7 4 乾 二

癸山丁向

5 6 巽 九	1 1 離 五	3 8 坤 七
4 7 震 八	6 5 中 一	8 3 兌 三
9 2 艮 四	2 9 坎 六	7 4 乾 二

丑山未向

5 6 巽 九	9 2 離 五	7 4 坤 七
6 5 震 八	4 7 中 一	2 9 兌 三
1 1 艮 四	8 3 坎 六	3 8 乾 二

艮山坤向

3 8 巽 九	8 3 離 五	1 1 坤 七
2 9 震 八	4 7 中 一	6 5 兌 三
7 4 艮 四	9 2 坎 六	5 6 乾 二

寅山申向

3 8 巽 九	8 3 離 五	3 8 坤 七
2 9 震 八	4 7 中 一	6 5 兌 三
7 4 艮 四	9 2 坎 六	5 6 乾 二

甲山庚向

9 2 巽 九	4 7 離 五	2 9 坤 七
1 1 震 八	8 3 中 一	6 5 兌 三
5 6 艮 四	3 8 坎 六	7 4 乾 二

卯山酉向

7 4 巽 九	3 8 離 五	5 6 坤 七
6 5 震 八	8 3 中 一	1 1 兌 三
2 9 艮 四	4 7 坎 六	9 2 乾 二

乙山辛向

7 4 巽 九	3 8 離 五	5 6 坤 七
6 5 震 八	8 3 中 一	1 1 兌 三
2 9 艮 四	4 7 坎 六	9 2 乾 二

辰山戌向

8 3 巽 九	4 7 離 五	6 5 坤 七
7 4 震 八	9 2 中 一	2 9 兌 三
3 8 艮 四	5 6 坎 六	1 1 乾 二

巽山乾向

1 1 巽 九	5 6 離 五	3 8 坤 七
2 9 震 八	9 2 中 一	7 4 兌 三
6 5 艮 四	4 7 坎 六	8 3 乾 二

巳山亥向

1 1 巽 九	5 6 離 五	3 8 坤 七
2 9 震 八	9 2 中 一	7 4 兌 三
6 5 艮 四	4 7 坎 六	8 3 乾 二

未山丑向

6 5 巽 九	2 9 離 五	4 7 坤 七
5 6 震 八	7 4 中 一	9 2 兌 三
1 1 艮 四	3 8 坎 六	8 3 乾 二

丙山壬向

4 7 巽 九	9 2 離 五	2 9 坤 七
3 8 震 八	5 6 中 一	7 4 兌 三
8 3 艮 四	1 1 坎 六	6 5 乾 二

坤山艮向

8 3 巽 九	3 8 離 五	1 1 坤 七
9 2 震 八	7 4 中 一	5 6 兌 三
4 7 艮 四	2 9 坎 六	6 5 乾 二

午山子向

6 5 巽 九	1 1 離 五	8 3 坤 七
7 4 震 八	5 6 中 一	3 8 兌 三
2 9 艮 四	9 2 坎 六	4 7 乾 二

申山寅向

8 3 巽 九	3 8 離 五	1 1 坤 七
9 2 震 八	7 4 中 一	5 6 兌 三
4 7 艮 四	2 9 坎 六	6 5 乾 二

丁山癸向

6 5 巽 九	1 1 離 五	8 3 坤 七
7 4 震 八	5 6 中 一	3 8 兌 三
2 9 艮 四	9 2 坎 六	4 7 乾 二

戌山辰向

3 8 巽 九	7 4 離 五	5 6 坤 七
4 7 震 八	2 9 中 一	9 2 兌 三
8 3 艮 四	6 5 坎 六	1 1 乾 二

庚山甲向

2 9 巽 九	7 4 離 五	9 2 坤 七
1 1 震 八	3 8 中 一	5 6 兌 三
6 5 艮 四	8 3 坎 六	4 7 乾 二

乾山巽向

1 1 巽 九	6 5 離 五	8 3 坤 七
9 2 震 八	2 9 中 一	4 7 兌 三
5 6 艮 四	7 4 坎 六	3 8 乾 二

酉山卯向

4 7 巽 九	8 3 離 五	6 5 坤 七
5 6 震 八	3 8 中 一	1 1 兌 三
9 2 艮 四	7 4 坎 六	2 9 乾 二

亥山巳向

1 1 巽 九	6 5 離 五	8 3 坤 七
9 2 震 八	2 9 中 一	4 7 兌 三
5 6 艮 四	7 4 坎 六	3 8 乾 二

辛山乙向

4 7 巽 九	8 3 離 五	6 5 坤 七
5 6 震 八	3 8 中 一	1 1 兌 三
9 2 艮 四	7 4 坎 六	2 9 乾 二

◎下卦。2、上元二運：

壬山丙向

6 7 巽 一	2 2 離 六	4 9 坤 八
5 8 震 九	7 6 **中** 二	9 4 兌 四
1 3 艮 五	3 1 坎 七	8 5 乾 三

子山午向

8 5 巽 一	3 1 離 六	1 3 坤 八
9 4 震 九	7 6 **中** 二	5 8 兌 四
4 9 艮 五	2 2 坎 七	6 7 乾 三

癸山丁向

8 5 巽 一	3 1 離 六	1 3 坤 八
9 4 震 九	7 6 中 二	5 8 兌 四
4 9 艮 五	2 2 坎 七	6 7 乾 三

丑山未向

6 9 巽 一	1 4 離 六	8 2 坤 八
7 1 震 九	5 8 **中** 二	3 6 兌 四
2 5 艮 五	9 3 坎 七	4 7 乾 三

艮山坤向

4 7 巽 一	9 3 離 六	2 5 坤 八
3 6 震 九	5 8 **中** 二	7 1 兌 四
8 2 艮 五	1 4 坎 七	6 9 乾 三

寅山申向

4 7 巽 一	9 3 離 六	2 5 坤 八
3 6 震 九	5 8 **中** 二	7 1 兌 四
8 2 艮 五	1 4 坎 七	6 9 乾 三

甲山庚向

8 5 巽 一	4 9 離 六	6 7 坤 八
7 6 震 九	9 4 中 二	2 2 兌 四
3 1 艮 五	5 8 坎 七	1 3 乾 三

卯山酉向

1 3 巽 一	5 8 離 六	3 1 坤 八
2 2 震 九	9 4 中 二	7 6 兌 四
6 7 艮 五	4 9 坎 七	8 5 乾 三

乙山辛向

1 3 巽 一	5 8 離 六	3 1 坤 八
2 2 震 九	9 4 中 二	7 6 兌 四
6 7 艮 五	4 9 坎 七	8 5 乾 三

辰山戌向

9 2 巽 一	5 7 離 六	7 9 坤 八
8 1 震 九	1 3 中 二	3 5 兌 四
4 6 艮 五	6 8 坎 七	2 4 乾 三

巽山乾向

2 4 巽 一	6 8 離 六	4 6 坤 八
3 5 震 九	1 3 中 二	8 1 兌 四
7 9 艮 五	5 7 坎 七	9 2 乾 三

巳山亥向

2 4 巽 一	6 8 離 六	4 6 坤 八
3 5 震 九	1 3 中 二	8 1 兌 四
7 9 艮 五	5 7 坎 七	9 2 乾 三

未山丑向

9 6 巽 一	4 1 離 六	2 8 坤 八
1 7 震 九	8 5 **中** 二	6 3 兌 四
5 2 艮 五	3 9 坎 七	7 4 乾 三

丙山壬向

7 6 巽 一	2 2 離 六	9 4 坤 八
8 5 震 九	6 7 **中** 二	4 9 兌 四
3 1 艮 五	1 3 坎 七	5 8 乾 三

坤山艮向

7 4 巽 一	3 9 離 六	5 2 坤 八
6 3 震 九	8 5 **中** 二	1 7 兌 四
2 8 艮 五	4 1 坎 七	9 6 乾 三

午山子向

5 8 巽 一	1 3 離 六	3 1 坤 八
4 9 震 九	6 7 **中** 二	8 5 兌 四
9 4 艮 五	2 2 坎 七	7 6 乾 三

申山寅向

7 4 巽 一	3 9 離 六	5 2 坤 八
6 3 震 九	8 5 **中** 二	1 7 兌 四
2 8 艮 五	4 1 坎 七	9 6 乾 三

丁山癸向

5 8 巽 一	1 3 離 六	3 1 坤 八
4 9 震 九	6 7 **中** 二	8 5 兌 四
9 4 艮 五	2 2 坎 七	7 6 乾 三

戌山辰向

2 9 巽 一	7 5 離 六	9 7 坤 八
1 8 震 九	3 1 中 二	5 3 兌 四
6 4 艮 五	8 6 坎 七	4 2 乾 三

庚山甲向

5 8 巽 一	9 4 離 六	7 6 坤 八
6 7 震 九	4 9 中 二	2 2 兌 四
1 3 艮 五	8 5 坎 七	3 1 乾 三

乾山巽向

4 2 巽 一	8 6 離 六	6 4 坤 八
5 3 震 九	3 1 中 二	1 8 兌 四
9 7 艮 五	7 5 坎 七	2 9 乾 三

酉山卯向

3 1 巽 一	8 5 離 六	1 3 坤 八
2 2 震 九	4 9 中 二	6 7 兌 四
7 6 艮 五	9 4 坎 七	5 8 乾 三

亥山巳向

4 2 巽 一	8 6 離 六	6 4 坤 八
5 3 震 九	3 1 中 二	1 8 兌 四
9 7 艮 五	7 5 坎 七	2 9 乾 三

辛山乙向

3 1 巽 一	8 5 離 六	1 3 坤 八
2 2 震 九	4 9 中 二	6 7 兌 四
7 6 艮 五	9 4 坎 七	5 8 乾 三

◎下卦。3、上元三運：

壬山丙向

9 6 巽 二	4 2 離 七	2 4 坤 九
1 5 震 一	8 7 **中** 三	6 9 兌 五
5 1 艮 六	3 3 坎 八	7 8 乾 四

丑山未向

7 8 巽 二	2 4 離 七	9 6 坤 九
8 7 震 一	6 9 **中** 三	4 2 兌 五
3 3 艮 六	1 5 坎 八	5 1 乾 四

子山午向

7 8 巽 二	3 3 離 七	5 1 坤 九
6 9 震 一	8 7 **中** 三	1 5 兌 五
2 4 艮 六	4 2 坎 八	9 6 乾 四

艮山坤向

5 1 巽 二	1 5 離 七	3 3 坤 九
4 2 震 一	6 9 **中** 三	8 7 兌 五
9 6 艮 六	2 4 坎 八	7 8 乾 四

癸山丁向

7 8 巽 二	3 3 離 七	5 1 坤 九
6 9 震 一	8 7 **中** 三	1 5 兌 五
2 4 艮 六	4 2 坎 八	9 6 乾 四

寅山申向

5 1 巽 二	1 5 離 七	3 3 坤 九
4 2 震 一	6 9 **中** 三	8 7 兌 五
9 6 艮 六	2 4 坎 八	7 8 乾 四

辰山戌向

3 5 巽 二	7 9 離 七	5 7 坤 九
4 6 震 一	2 4 **中** 三	9 2 兌 五
8 1 艮 六	6 8 坎 八	1 3 乾 四

甲山庚向

9 4 巽 二	5 9 離 七	7 2 坤 九
8 3 震 一	1 5 **中** 三	3 7 兌 五
4 8 艮 六	6 1 坎 八	2 6 乾 四

巽山乾向

1 3 巽 二	6 8 離 七	8 1 坤 九
9 2 震 一	2 4 **中** 三	4 6 兌 五
5 7 艮 六	7 9 坎 八	3 5 乾 四

卯山酉向

2 6 巽 二	6 1 離 七	4 8 坤 九
3 7 震 一	1 5 **中** 三	8 3 兌 五
7 2 艮 六	5 9 坎 八	9 4 乾 四

巳山亥向

1 3 巽 二	6 8 離 七	8 1 坤 九
9 2 震 一	2 4 **中** 三	4 6 兌 五
5 7 艮 六	7 9 坎 八	3 5 乾 四

乙山辛向

2 6 巽 二	6 1 離 七	4 8 坤 九
3 7 震 一	1 5 **中** 三	8 3 兌 五
7 2 艮 六	5 9 坎 八	9 4 乾 四

丙山壬向

6 9 巽 二	2 4 離 七	4 2 坤 九
5 1 震 一	7 8 **中** 三	9 6 兌 五
1 5 艮 六	3 3 坎 八	8 7 乾 四

午山子向

8 7 巽 二	3 3 離 七	1 5 坤 九
9 6 震 一	7 8 **中** 三	5 1 兌 五
4 2 艮 六	2 4 坎 八	6 9 乾 四

丁山癸向

8 7 巽 二	3 3 離 七	1 5 坤 九
9 6 震 一	7 8 **中** 三	5 1 兌 五
4 2 艮 六	2 4 坎 八	6 9 乾 四

未山丑向

8 7 巽 二	4 2 離 七	6 9 坤 九
7 8 震 一	9 6 **中** 三	2 4 兌 五
3 3 艮 六	5 1 坎 八	1 5 乾 四

坤山艮向

1 5 巽 二	5 1 離 七	3 3 坤 九
2 4 震 一	9 6 **中** 三	7 8 兌 五
6 9 艮 六	4 2 坎 八	8 7 乾 四

申山寅向

1 5 巽 二	5 1 離 七	3 3 坤 九
2 4 震 一	9 6 **中** 三	7 8 兌 五
6 9 艮 六	4 2 坎 八	8 7 乾 四

戌山辰向

5 3 巽 二	9 7 離 七	7 5 坤 九
6 4 震 一	4 2 中 三	2 9 兌 五
1 8 艮 六	8 6 坎 八	3 1 乾 四

庚山甲向

4 9 巽 二	9 5 離 七	2 7 坤 九
3 8 震 一	5 1 中 三	7 3 兌 五
8 4 艮 六	1 6 坎 八	6 2 乾 四

乾山巽向

3 1 巽 二	8 6 離 七	1 8 坤 九
2 9 震 一	4 2 中 三	6 4 兌 五
7 5 艮 六	9 7 坎 八	5 3 乾 四

酉山卯向

6 2 巽 二	1 6 離 七	8 4 坤 九
7 3 震 一	5 1 中 三	3 8 兌 五
2 7 艮 六	9 5 坎 八	4 9 乾 四

亥山巳向

3 1 巽 二	8 6 離 七	1 8 坤 九
2 9 震 一	4 2 中 三	6 4 兌 五
7 5 艮 六	9 7 坎 八	5 3 乾 四

辛山乙向

6 2 巽 二	1 6 離 七	8 4 坤 九
7 3 震 一	5 1 中 三	3 8 兌 五
2 7 艮 六	9 5 坎 八	4 9 乾 四

◎下卦。 4、中元四運：

壬山丙向

8 9 巽 三	4 4 離 八	6 2 坤 一
7 1 震 二	9 8 **中 四**	2 6 兌 六
3 5 艮 七	5 3 坎 九	1 7 乾 五

子山午向

1 7 巽 三	5 3 離 八	3 5 坤 一
2 6 震 二	9 8 **中 四**	7 1 兌 六
6 2 艮 七	4 4 坎 九	8 9 乾 五

癸山丁向

1 7 巽 三	5 3 離 八	3 5 坤 一
2 6 震 二	9 8 **中 四**	7 1 兌 六
6 2 艮 七	4 4 坎 九	8 9 乾 五

丑山未向

6 9 巽 三	2 5 離 八	4 7 坤 一
5 8 震 二	7 1 **中 四**	9 3 兌 六
1 4 艮 七	3 6 坎 九	8 2 乾 五

艮山坤向

8 2 巽 三	3 6 離 八	1 4 坤 一
9 3 震 二	7 1 **中 四**	5 8 兌 六
4 7 艮 七	2 5 坎 九	6 9 乾 五

寅山申向

8 2 巽 三	3 6 離 八	1 4 坤 一
9 3 震 二	7 1 **中 四**	5 8 兌 六
4 7 艮 七	2 5 坎 九	6 9 乾 五

甲山庚向

3 7 巽 三	7 2 離 八	5 9 坤 一
4 8 震 二	2 6 **中 四**	9 4 兌 六
8 3 艮 七	6 1 坎 九	1 5 乾 五

卯山酉向

1 5 巽 三	6 1 離 八	8 3 坤 一
9 4 震 二	2 6 **中 四**	4 8 兌 六
5 9 艮 七	7 2 坎 九	3 7 乾 五

乙山辛向

1 5 巽 三	6 1 離 八	8 3 坤 一
9 4 震 二	2 6 **中 四**	4 8 兌 六
5 9 艮 七	7 2 坎 九	3 7 乾 五

辰山戌向

2 6 巽 三	7 1 離 八	9 8 坤 一
1 7 震 二	3 5 **中 四**	5 3 兌 六
6 2 艮 七	8 9 坎 九	4 4 乾 五

巽山乾向

4 4 巽 三	8 9 離 八	6 2 坤 一
5 3 震 二	3 5 **中 四**	1 7 兌 六
9 8 艮 七	7 1 坎 九	2 6 乾 五

巳山亥向

4 4 巽 三	8 9 離 八	6 2 坤 一
5 3 震 二	3 5 **中 四**	1 7 兌 六
9 8 艮 七	7 1 坎 九	2 6 乾 五

丙山壬向

9 8 巽 三	4 4 離 八	2 6 坤 一
1 7 震 二	8 9 **中 四**	6 2 兌 六
5 3 艮 七	3 5 坎 九	7 1 乾 五

午山子向

7 1 巽 三	3 5 離 八	5 3 坤 一
6 2 震 二	8 9 **中 四**	1 7 兌 六
2 6 艮 七	4 4 坎 九	9 8 乾 五

丁山癸向

7 1 巽 三	3 5 離 八	5 3 坤 一
6 2 震 二	8 9 **中 四**	1 7 兌 六
2 6 艮 七	4 4 坎 九	9 8 乾 五

未山丑向

9 6 巽 三	5 2 離 八	7 4 坤 一
8 5 震 二	1 7 **中 四**	3 9 兌 六
4 1 艮 七	6 3 坎 九	2 8 乾 五

坤山艮向

2 8 巽 三	6 3 離 八	4 1 坤 一
3 9 震 二	1 7 **中 四**	8 5 兌 六
7 4 艮 七	5 2 坎 九	9 6 乾 五

申山寅向

2 8 巽 三	6 3 離 八	4 1 坤 一
3 9 震 二	1 7 **中 四**	8 5 兌 六
7 4 艮 七	5 2 坎 九	9 6 乾 五

戌山辰向

6 2 巽 三	1 7 離 八	8 9 坤 一
7 1 震 二	5 3 **中 四**	3 5 兌 六
2 6 艮 七	9 8 坎 九	4 4 乾 五

庚山甲向

7 3 巽 三	2 7 離 八	9 5 坤 一
8 4 震 二	6 2 **中 四**	4 9 兌 六
3 8 艮 七	1 6 坎 九	5 1 乾 五

乾山巽向

4 4 巽 三	9 8 離 八	2 6 坤 一
3 5 震 二	5 3 **中 四**	7 1 兌 六
8 9 艮 七	1 7 坎 九	6 2 乾 五

酉山卯向

1 5 巽 三	1 6 離 八	3 8 坤 一
4 9 震 二	6 2 **中 四**	8 4 兌 六
9 5 艮 七	2 7 坎 九	7 3 乾 五

亥山巳向

4 4 巽 三	9 8 離 八	2 6 坤 一
3 5 震 二	5 3 **中 四**	7 1 兌 六
8 9 艮 七	1 7 坎 九	6 2 乾 五

辛山乙向

1 5 巽 三	1 6 離 八	3 8 坤 一
4 9 震 二	6 2 **中 四**	8 4 兌 六
9 5 艮 七	2 7 坎 九	7 3 乾 五

◎下卦。5、中元五運：

壬山丙向

9 8 巽 四	5 4 離 九	7 6 坤 二
8 7 震 三	1 9 **中 五**	3 2 兌 七
4 3 艮 八	6 5 坎 一	2 1 乾 六

子山午向

2 1 巽 四	6 5 離 九	4 3 坤 二
3 2 震 三	1 9 **中 五**	8 7 兌 七
7 6 艮 八	5 4 坎 一	9 8 乾 六

癸山丁向

2 1 巽 四	6 5 離 九	4 3 坤 二
3 2 震 三	1 9 **中 五**	8 7 兌 七
7 6 艮 八	5 4 坎 一	9 8 乾 六

丑山未向

9 3 巽 四	4 7 離 九	2 5 坤 二
1 4 震 三	8 2 **中 五**	6 9 兌 七
5 8 艮 八	3 6 坎 一	7 1 乾 六

艮山坤向

7 1 巽 四	3 6 離 九	5 8 坤 二
6 9 震 三	8 2 **中 五**	1 4 兌 七
2 5 艮 八	4 7 坎 一	9 3 乾 六

寅山申向

7 1 巽 四	3 6 離 九	5 8 坤 二
6 9 震 三	8 2 **中 五**	1 4 兌 七
2 5 艮 八	4 7 坎 一	9 3 乾 六

甲山庚向

2 6 巽 四	7 2 離 九	9 4 坤 二
1 5 震 三	3 7 **中 五**	5 9 兌 七
6 1 艮 八	8 3 坎 一	4 8 乾 六

卯山酉向

4 8 巽 四	8 3 離 九	6 1 坤 二
5 9 震 三	3 7 **中 五**	1 5 兌 七
9 4 艮 八	7 2 坎 一	2 6 乾 六

乙山辛向

4 8 巽 四	8 3 離 九	6 1 坤 二
5 9 震 三	3 7 **中 五**	1 5 兌 七
9 4 艮 八	7 2 坎 一	2 6 乾 六

辰山戌向

5 7 巽 四	9 2 離 九	7 9 坤 二
6 8 震 三	4 6 **中 五**	2 4 兌 七
1 3 艮 八	8 1 坎 一	3 5 乾 六

巽山乾向

3 5 巽 四	8 1 離 九	1 3 坤 二
2 4 震 三	4 6 **中 五**	6 8 兌 七
7 9 艮 八	9 2 坎 一	5 7 乾 六

巳山亥向

3 5 巽 四	8 1 離 九	1 3 坤 二
2 4 震 三	4 6 **中 五**	6 8 兌 七
7 9 艮 八	9 2 坎 一	5 7 乾 六

未山丑向

3 9 巽 四	7 4 離 九	5 2 坤 二
4 1 震 三	2 8 **中 五**	9 6 兌 七
8 5 艮 八	6 3 坎 一	1 7 乾 六

丙山壬向

8 9 巽 四	4 5 離 九	6 7 坤 二
7 8 震 三	9 1 **中 五**	2 3 兌 七
3 4 艮 八	5 6 坎 一	1 2 乾 六

坤山艮向

1 7 巽 四	6 3 離 九	8 5 坤 二
9 6 震 三	2 8 **中 五**	4 1 兌 七
5 2 艮 八	7 4 坎 一	3 9 乾 六

午山子向

1 2 巽 四	5 6 離 九	3 4 坤 二
2 3 震 三	9 1 **中 五**	7 8 兌 七
6 7 艮 八	4 5 坎 一	8 9 乾 六

申山寅向

1 7 巽 四	6 3 離 九	8 5 坤 二
9 6 震 三	2 8 **中 五**	4 1 兌 七
5 2 艮 八	7 4 坎 一	3 9 乾 六

丁山癸向

1 2 巽 四	5 6 離 九	3 4 坤 二
2 3 震 三	9 1 **中 五**	7 8 兌 七
6 7 艮 八	4 5 坎 一	8 9 乾 六

戌山辰向

7 5 巽 四	2 9 離 九	9 7 坤 二
8 6 震 三	6 4 **中 五**	4 2 兌 七
3 1 艮 八	1 8 坎 一	5 3 乾 六

庚山甲向

6 2 巽 四	2 7 離 九	4 9 坤 二
5 1 震 三	7 3 **中 五**	9 5 兌 七
1 6 艮 八	3 8 坎 一	8 4 乾 六

乾山巽向

5 3 巽 四	1 8 離 九	3 1 坤 二
4 2 震 三	6 4 **中 五**	8 6 兌 七
9 7 艮 八	2 9 坎 一	7 5 乾 六

酉山卯向

8 4 巽 四	3 8 離 九	1 6 坤 二
9 5 震 三	7 3 **中 五**	5 1 兌 七
4 9 艮 八	2 7 坎 一	6 2 乾 六

亥山巳向

5 3 巽 四	1 8 離 九	3 1 坤 二
4 2 震 三	6 4 **中 五**	8 6 兌 七
9 7 艮 八	2 9 坎 一	7 5 乾 六

辛山乙向

8 4 巽 四	3 8 離 九	1 6 坤 二
9 5 震 三	7 3 **中 五**	5 1 兌 七
4 9 艮 八	2 7 坎 一	6 2 乾 六

◎下卦。6、中元六運：

壬山丙向

3 9 巽 五	7 5 離 一	5 7 坤 三
4 8 震 四	2 1 **中 六**	9 3 兌 八
8 4 艮 九	6 6 坎 二	1 2 乾 七

子山午向

1 2 巽 五	6 6 離 一	8 4 坤 三
9 3 震 四	2 1 **中 六**	4 8 兌 八
5 7 艮 九	7 5 坎 二	3 9 乾 七

癸山丁向

1 2 巽 五	6 6 離 一	8 4 坤 三
9 3 震 四	2 1 **中 六**	4 8 兌 八
5 7 艮 九	7 5 坎 二	3 9 乾 七

丑山未向

8 2 巽 五	4 7 離 一	6 9 坤 三
7 1 震 四	9 3 **中 六**	2 5 兌 八
3 6 艮 九	5 8 坎 二	1 4 乾 七

艮山坤向

1 4 巽 五	5 8 離 一	3 6 坤 三
2 5 震 四	9 3 **中 六**	7 1 兌 八
6 9 艮 九	4 7 坎 二	8 2 乾 七

寅山申向

1 4 巽 五	5 8 離 一	3 6 坤 三
2 5 震 四	9 3 **中 六**	7 1 兌 八
6 9 艮 九	4 7 坎 二	8 2 乾 七

甲山庚向

5 9 巽 五	9 4 離 一	7 2 坤 三
6 1 震 四	4 8 **中 六**	2 6 兌 八
1 5 艮 九	8 3 坎 二	3 7 乾 七

辰山戌向

6 6 巽 五	1 2 離 一	8 4 坤 三
7 5 震 四	5 7 **中 六**	3 9 兌 八
2 1 艮 九	9 3 坎 二	4 8 乾 七

卯山酉向

3 7 巽 五	8 3 離 一	1 5 坤 三
2 6 震 四	4 8 **中 六**	6 1 兌 八
7 2 艮 九	9 4 坎 二	5 9 乾 七

巽山乾向

4 8 巽 五	9 3 離 一	2 1 坤 三
3 9 震 四	5 7 **中 六**	7 5 兌 八
8 4 艮 九	1 2 坎 二	6 6 乾 七

乙山辛向

3 7 巽 五	8 3 離 一	1 5 坤 三
2 6 震 四	4 8 **中 六**	6 1 兌 八
7 2 艮 九	9 4 坎 二	5 9 乾 七

巳山亥向

4 8 巽 五	9 3 離 一	2 1 坤 三
3 9 震 四	5 7 **中 六**	7 5 兌 八
8 4 艮 九	1 2 坎 二	6 6 乾 七

未山丑向

2 8 巽 五	7 4 離 一	9 6 坤 三
1 7 震 四	3 9 **中 六**	5 2 兌 八
6 3 艮 九	8 5 坎 二	4 1 乾 七

丙山壬向

9 3 巽 五	5 7 離 一	7 5 坤 三
8 4 震 四	1 2 **中 六**	3 9 兌 八
4 8 艮 九	6 6 坎 二	2 1 乾 七

坤山艮向

4 1 巽 五	8 5 離 一	6 3 坤 三
5 2 震 四	3 9 **中 六**	1 7 兌 八
9 6 艮 九	7 4 坎 二	2 8 乾 七

午山子向

2 1 巽 五	6 6 離 一	4 8 坤 三
3 9 震 四	1 2 **中 六**	8 4 兌 八
7 5 艮 九	5 7 坎 二	9 3 乾 七

申山寅向

4 1 巽 五	8 5 離 一	6 3 坤 三
5 2 震 四	3 9 **中 六**	1 7 兌 八
9 6 艮 九	7 4 坎 二	2 8 乾 七

丁山癸向

2 1 巽 五	6 6 離 一	4 8 坤 三
3 9 震 四	1 2 **中 六**	8 4 兌 八
7 5 艮 九	5 7 坎 二	9 3 乾 七

戌山辰向

6 6 巽 五	2 1 離 一	4 8 坤 三
5 7 震 四	7 5 **中 六**	9 3 兌 八
1 2 艮 九	3 9 坎 二	8 4 乾 七

庚山甲向

9 5 巽 五	4 9 離 一	2 7 坤 三
1 6 震 四	8 4 **中 六**	6 2 兌 八
5 1 艮 九	3 8 坎 二	7 3 乾 七

乾山巽向

8 4 巽 五	3 9 離 一	1 2 坤 三
9 3 震 四	7 5 **中 六**	5 7 兌 八
4 8 艮 九	2 1 坎 二	6 6 乾 七

酉山卯向

7 3 巽 五	3 8 離 一	5 1 坤 三
6 2 震 四	8 4 **中 六**	1 6 兌 八
2 7 艮 九	4 9 坎 二	9 5 乾 七

亥山巳向

8 4 巽 五	3 9 離 一	1 2 坤 三
9 3 震 四	7 5 **中 六**	5 7 兌 八
4 8 艮 九	2 1 坎 二	6 6 乾 七

辛山乙向

7 3 巽 五	3 8 離 一	5 1 坤 三
6 2 震 四	8 4 **中 六**	1 6 兌 八
2 7 艮 九	4 9 坎 二	9 5 乾 七

◎下卦。7、下元七運：

壬山丙向

2 3 巽 六	7 7 離 二	9 5 坤 四
1 4 震 五	3 2 **中 七**	5 9 兌 九
6 8 艮 一	8 6 坎 三	4 1 乾 八

子山午向

4 1 巽 六	8 6 離 二	6 8 坤 四
5 9 震 五	3 2 **中 七**	1 4 兌 九
9 5 艮 一	7 7 坎 三	2 3 乾 八

癸山丁向

4 1 巽 六	8 6 離 二	6 8 坤 四
5 9 震 五	3 2 **中 七**	1 4 兌 九
9 5 艮 一	7 7 坎 三	2 3 乾 八

丑山未向

9 5 巽 六	5 9 離 二	7 7 坤 四
8 6 震 五	1 4 **中 七**	3 2 兌 九
4 1 艮 一	6 8 坎 三	2 3 乾 八

艮山坤向

2 3 巽 六	6 8 離 二	4 1 坤 四
3 2 震 五	1 4 **中 七**	8 6 兌 九
7 7 艮 一	5 9 坎 三	9 5 乾 八

寅山申向

2 3 巽 六	6 8 離 二	4 1 坤 四
3 2 震 五	1 4 **中 七**	8 6 兌 九
7 7 艮 一	5 9 坎 三	9 5 乾 八

甲山庚向

4 8 巽 六	9 4 離 二	2 6 坤 四
3 7 震 五	5 9 **中 七**	7 2 兌 九
8 3 艮 一	1 5 坎 三	6 1 乾 八

卯山酉向

6 1 巽 六	1 5 離 二	8 3 坤 四
7 2 震 五	5 9 **中 七**	3 7 兌 九
2 6 艮 一	9 4 坎 三	4 8 乾 八

乙山辛向

6 1 巽 六	1 5 離 二	8 3 坤 四
7 2 震 五	5 9 **中 七**	3 7 兌 九
2 6 艮 一	9 4 坎 三	4 8 乾 八

辰山戌向

7 9 巽 六	2 4 離 二	9 2 坤 四
8 1 震 五	6 8 **中 七**	4 6 兌 九
3 5 艮 一	1 3 坎 三	5 7 乾 八

巽山乾向

5 7 巽 六	1 3 離 二	3 5 坤 四
4 6 震 五	6 8 **中 七**	8 1 兌 九
9 2 艮 一	2 4 坎 三	7 9 乾 八

巳山亥向

5 7 巽 六	1 3 離 二	3 5 坤 四
4 6 震 五	6 8 **中 七**	8 1 兌 九
9 2 艮 一	2 4 坎 三	7 9 乾 八

未山丑向

5 9 巽 六	9 5 離 二	7 7 坤 四
6 8 震 五	4 1 **中 七**	2 3 兌 九
1 4 艮 一	8 6 坎 三	3 2 乾 八

丙山壬向

3 2 巽 六	7 7 離 二	5 9 坤 四
4 1 震 五	2 3 **中 七**	9 5 兌 九
8 6 艮 一	6 8 坎 三	1 4 乾 八

坤山艮向

3 2 巽 六	8 6 離 二	1 4 坤 四
2 3 震 五	4 1 **中 七**	6 8 兌 九
7 7 艮 一	9 5 坎 三	5 9 乾 八

午山子向

1 4 巽 六	6 8 離 二	8 6 坤 四
9 5 震 五	2 3 **中 七**	4 1 兌 九
5 9 艮 一	7 7 坎 三	3 2 乾 八

申山寅向

3 2 巽 六	8 6 離 二	1 4 坤 四
2 3 震 五	4 1 **中 七**	6 8 兌 九
7 7 艮 一	9 5 坎 三	5 9 乾 八

丁山癸向

1 4 巽 六	6 8 離 二	8 6 坤 四
9 5 震 五	2 3 **中 七**	4 1 兌 九
5 9 艮 一	7 7 坎 三	3 2 乾 八

戌山辰向

9 7 巽 六	4 2 離 二	2 9 坤 四
1 8 震 五	8 6 **中 七**	6 4 兌 九
5 3 艮 一	3 1 坎 三	7 5 乾 八

庚山甲向

8 4 巽 六	4 9 離 二	6 2 坤 四
7 3 震 五	9 5 **中 七**	2 7 兌 九
3 8 艮 一	5 1 坎 三	1 6 乾 八

乾山巽向

7 5 巽 六	7 5 離 二	5 3 坤 四
6 4 震 五	8 6 **中 七**	1 8 兌 九
2 9 艮 一	4 2 坎 三	9 7 乾 八

酉山卯向

1 6 巽 六	5 1 離 二	3 8 坤 四
2 7 震 五	9 5 **中 七**	7 3 兌 九
6 2 艮 一	4 9 坎 三	8 4 乾 八

亥山巳向

7 5 巽 六	7 5 離 二	5 3 坤 四
6 4 震 五	8 6 **中 七**	1 8 兌 九
2 9 艮 一	4 2 坎 三	9 7 乾 八

辛山乙向

1 6 巽 六	5 1 離 二	3 8 坤 四
2 7 震 五	9 5 **中 七**	7 3 兌 九
6 2 艮 一	4 9 坎 三	8 4 乾 八

◎下卦。 8、下元八運：

壬山丙向

5 2 巽 七	9 7 離 三	7 9 坤 五
6 1 震 六	4 3 **中 八**	2 5 兌 一
1 6 艮 二	8 8 坎 四	3 4 乾 九

子山午向

3 4 巽 七	8 8 離 三	1 6 坤 五
2 5 震 六	4 3 **中 八**	6 1 兌 一
7 9 艮 二	9 7 坎 四	5 2 乾 九

癸山丁向

3 4 巽 七	8 8 離 三	1 6 坤 五
2 5 震 六	4 3 **中 八**	6 1 兌 一
7 9 艮 二	9 7 坎 四	5 2 乾 九

丑山未向

3 6 巽 七	7 1 離 三	5 8 坤 五
4 7 震 六	2 5 **中 八**	9 3 兌 一
8 2 艮 二	6 9 坎 四	1 4 乾 九

艮山坤向

1 4 巽 七	6 9 離 三	8 2 坤 五
9 3 震 六	2 5 **中 八**	4 7 兌 一
5 8 艮 二	7 1 坎 四	3 6 乾 九

寅山申向

1 4 巽 七	6 9 離 三	8 2 坤 五
9 3 震 六	2 5 **中 八**	4 7 兌 一
5 8 艮 二	7 1 坎 四	3 6 乾 九

甲山庚向

7 9 巽 七	2 5 離 三	9 7 坤 五
8 8 震 六	6 1 **中** 八	4 3 兌 一
3 4 艮 二	1 6 坎 四	5 2 乾 九

卯山酉向

5 2 巽 七	1 6 離 三	3 4 坤 五
4 3 震 六	6 1 **中** 八	8 8 兌 一
9 7 艮 二	2 5 坎 四	7 9 乾 九

乙山辛向

5 2 巽 七	1 6 離 三	3 4 坤 五
4 3 震 六	6 1 **中** 八	8 8 兌 一
9 7 艮 二	2 5 坎 四	7 9 乾 九

辰山戌向

6 8 巽 七	2 4 離 三	4 6 坤 五
5 7 震 六	7 9 **中** 八	9 2 兌 一
1 3 艮 二	3 5 坎 四	8 1 乾 九

巽山乾向

8 1 巽 七	3 5 離 三	1 3 坤 五
9 2 震 六	7 9 **中** 八	5 7 兌 一
4 6 艮 二	2 4 坎 四	6 8 乾 九

巳山亥向

8 1 巽 七	3 5 離 三	1 3 坤 五
9 2 震 六	7 9 **中** 八	5 7 兌 一
4 6 艮 二	2 4 坎 四	6 8 乾 九

未山丑向

6 3 巽 七	1 7 離 三	8 5 坤 五
7 4 震 六	5 2 中 八	3 9 兌 一
2 8 艮 二	9 6 坎 四	4 1 乾 九

丙山壬向

2 5 巽 七	7 9 離 三	9 7 坤 五
1 6 震 六	3 4 中 八	5 2 兌 一
6 1 艮 二	8 8 坎 四	4 3 乾 九

坤山艮向

4 1 巽 七	9 6 離 三	2 8 坤 五
3 9 震 六	5 2 中 八	7 4 兌 一
8 5 艮 二	1 7 坎 四	6 3 乾 九

午山子向

4 3 巽 七	8 8 離 三	6 1 坤 五
5 2 震 六	3 4 中 八	1 6 兌 一
9 7 艮 二	7 9 坎 四	2 5 乾 九

申山寅向

4 1 巽 七	9 6 離 三	2 8 坤 五
3 9 震 六	5 2 中 八	7 4 兌 一
8 5 艮 二	1 7 坎 四	6 3 乾 九

丁山癸向

4 3 巽 七	8 8 離 三	6 1 坤 五
5 2 震 六	3 4 中 八	1 6 兌 一
9 7 艮 二	7 9 坎 四	2 5 乾 九

戌山辰向

8 6 巽 七	4 2 離 三	6 4 坤 五
7 5 震 六	9 7 **中** 八	2 9 兌 一
3 1 艮 二	5 3 坎 四	1 8 乾 九

庚山甲向

9 7 巽 七	5 2 離 三	7 9 坤 五
8 8 震 六	1 6 **中** 八	3 4 兌 一
4 3 艮 二	6 1 坎 四	2 5 乾 九

乾山巽向

1 8 巽 七	5 3 離 三	3 1 坤 五
2 9 震 六	9 7 **中** 八	7 5 兌 一
6 4 艮 二	4 2 坎 四	8 6 乾 九

酉山卯向

2 5 巽 七	6 1 離 三	4 3 坤 五
3 4 震 六	1 6 **中** 八	8 8 兌 一
7 9 艮 二	5 2 坎 四	9 7 乾 九

亥山巳向

1 8 巽 七	5 3 離 三	3 1 坤 五
2 9 震 六	9 7 **中** 八	7 5 兌 一
6 4 艮 二	4 2 坎 四	8 6 乾 九

辛山乙向

2 5 巽 七	6 1 離 三	4 3 坤 五
3 4 震 六	1 6 **中** 八	8 8 兌 一
7 9 艮 二	5 2 坎 四	9 7 乾 九

◎下卦。 9、下元九運：

壬山丙向

4 5 巽 八	9 9 離 四	2 7 坤 六
3 6 震 七	5 4 **中 九**	7 2 兌 二
8 1 艮 三	1 8 坎 五	6 3 乾 一

子山午向

6 3 巽 八	1 8 離 四	8 1 坤 六
7 2 震 七	5 4 **中 九**	3 6 兌 二
2 7 艮 三	9 9 坎 五	4 5 乾 一

癸山丁向

6 3 巽 八	1 8 離 四	8 1 坤 六
7 2 震 七	5 4 **中 九**	3 6 兌 二
2 7 艮 三	9 9 坎 五	4 5 乾 一

丑山未向

2 7 巽 八	7 2 離 四	9 9 坤 六
1 8 震 七	3 6 **中 九**	5 4 兌 二
6 3 艮 三	8 1 坎 五	4 5 乾 一

艮山坤向

4 5 巽 八	8 1 離 四	6 3 坤 六
5 4 震 七	3 6 **中 九**	1 8 兌 二
9 9 艮 三	7 2 坎 五	2 7 乾 一

寅山申向

4 5 巽 八	8 1 離 四	6 3 坤 六
5 4 震 七	3 6 **中 九**	1 8 兌 二
9 9 艮 三	7 2 坎 五	2 7 乾 一

甲山庚向

6 3 巽 八	2 7 離 四	4 5 坤 六
5 4 震 七	7 2 **中 九**	9 9 兌 二
1 8 艮 三	3 6 坎 五	8 1 乾 一

卯山酉向

8 1 巽 八	3 6 離 四	1 8 坤 六
9 9 震 七	7 2 **中 九**	5 4 兌 二
4 5 艮 三	2 7 坎 五	6 3 乾 一

乙山辛向

8 1 巽 八	3 6 離 四	1 8 坤 六
9 9 震 七	7 2 **中 九**	5 4 兌 二
4 5 艮 三	2 7 坎 五	6 3 乾 一

辰山戌向

9 9 巽 八	4 5 離 四	2 7 坤 六
1 8 震 七	8 1 **中 九**	6 3 兌 二
5 4 艮 三	3 6 坎 五	7 2 乾 一

巽山乾向

7 2 巽 八	3 6 離 四	5 4 坤 六
6 3 震 七	8 1 **中 九**	1 8 兌 二
2 7 艮 三	4 5 坎 五	9 9 乾 一

巳山亥向

7 2 巽 八	3 6 離 四	5 4 坤 六
6 3 震 七	8 1 **中 九**	1 8 兌 二
2 7 艮 三	4 5 坎 五	9 9 乾 一

丙山壬向

5 4 巽 八	9 9 離 四	7 2 坤 六
6 3 震 七	4 5 **中 九**	2 7 兌 二
1 8 艮 三	8 1 坎 五	3 6 乾 一

未山丑向

7 2 巽 八	2 7 離 四	9 9 坤 六
8 1 震 七	6 3 **中 九**	4 5 兌 二
3 6 艮 三	1 8 坎 五	5 4 乾 一

午山子向

3 6 巽 八	8 1 離 四	1 8 坤 六
2 7 震 七	4 5 **中 九**	6 3 兌 二
7 2 艮 三	9 9 坎 五	5 4 乾 一

坤山艮向

5 4 巽 八	1 8 離 四	3 6 坤 六
4 5 震 七	6 3 **中 九**	8 1 兌 二
9 9 艮 三	2 7 坎 五	7 2 乾 一

丁山癸向

3 6 巽 八	8 1 離 四	1 8 坤 六
2 7 震 七	4 5 **中 九**	6 3 兌 二
7 2 艮 三	9 9 坎 五	5 4 乾 一

申山寅向

5 4 巽 八	1 8 離 四	3 6 坤 六
4 5 震 七	6 3 **中 九**	8 1 兌 二
9 9 艮 三	2 7 坎 五	7 2 乾 一

戌山辰向

9 9 巽 八	5 4 離 四	7 2 坤 六
8 1 震 七	1 8 **中 九**	3 6 兌 二
4 5 艮 三	6 3 坎 五	2 7 乾 一

庚山甲向

3 6 巽 八	7 2 離 四	5 4 坤 六
4 5 震 七	2 7 **中 九**	9 9 兌 二
8 1 艮 三	6 3 坎 五	1 8 乾 一

乾山巽向

2 7 巽 八	6 3 離 四	4 5 坤 六
3 6 震 七	1 8 **中 九**	8 1 兌 二
7 2 艮 三	5 4 坎 五	9 9 乾 一

酉山卯向

1 8 巽 八	6 3 離 四	8 1 坤 六
9 9 震 七	2 7 **中 九**	4 5 兌 二
5 4 艮 三	7 2 坎 五	3 6 乾 一

亥山巳向

2 7 巽 八	6 3 離 四	4 5 坤 六
3 6 震 七	1 8 **中 九**	8 1 兌 二
7 2 艮 三	5 4 坎 五	9 9 乾 一

辛山乙向

1 8 巽 八	6 3 離 四	8 1 坤 六
9 9 震 七	2 7 **中 九**	4 5 兌 二
5 4 艮 三	7 2 坎 五	3 6 乾 一

◎替卦。 1、上元一運：

壬山丙向

7 4 巽 九	2 9 離 五	9 2 坤 七
8 3 震 八	6 5 中 一	4 7 兌 三
3 8 艮 四	1 1 坎 六	5 6 乾 二

丑山未向

7 8 巽 九	2 4 離 五	9 6 坤 七
8 7 震 八	6 9 中 一	4 2 兌 三
3 3 艮 四	1 5 坎 六	5 1 乾 二

子山午向

5 6 巽 九	1 1 離 五	3 8 坤 七
4 7 震 八	6 5 中 一	8 3 兌 三
9 2 艮 四	2 9 坎 六	7 4 乾 二

艮山坤向

5 8 巽 九	1 3 離 五	3 1 坤 七
4 9 震 八	6 7 中 一	8 5 兌 三
9 4 艮 四	2 2 坎 六	7 6 乾 二

癸山丁向

5 6 巽 九	1 1 離 五	3 8 坤 七
4 7 震 八	6 5 中 一	8 3 兌 三
9 2 艮 四	2 9 坎 六	7 4 乾 二

寅山申向

5 8 巽 九	1 3 離 五	3 1 坤 七
4 9 震 八	6 7 中 一	8 5 兌 三
9 4 艮 四	2 2 坎 六	7 6 乾 二

甲山庚向

8 9 巽 九	3 5 離 五	1 7 坤 七
9 8 震 八	7 1 **中** 一	5 3 兌 三
4 4 艮 四	2 6 坎 六	6 2 乾 二

卯山酉向

6 3 巽 九	2 7 離 五	4 5 坤 七
5 4 震 八	7 2 **中** 一	9 9 兌 三
1 8 艮 四	3 6 坎 六	8 1 乾 二

乙山辛向

8 3 巽 九	4 7 離 五	6 5 坤 七
7 4 震 八	9 2 **中** 一	2 9 兌 三
3 8 艮 四	5 6 坎 六	1 1 乾 二

辰山戌向

6 3 巽 九	2 7 離 五	4 5 坤 七
5 4 震 八	7 2 **中** 一	9 9 兌 三
1 8 艮 四	3 6 坎 六	8 1 乾 二

巽山乾向

1 1 巽 九	5 6 離 五	3 8 坤 七
2 9 震 八	9 2 **中** 一	7 4 兌 三
6 5 艮 四	4 7 坎 六	8 3 乾 二

巳山亥向

1 9 巽 九	5 5 離 五	3 7 坤 七
2 8 震 八	9 1 **中** 一	7 3 兌 三
6 4 艮 四	4 6 坎 六	8 2 乾 二

丙山壬向

4 7 巽 九	9 2 離 五	2 9 坤 七
3 8 震 八	5 6 **中** 一	7 4 兌 三
8 3 艮 四	1 1 坎 六	6 5 乾 二

午山子向

6 5 巽 九	1 1 離 五	8 3 坤 七
7 4 震 八	5 6 **中** 一	3 8 兌 三
2 9 艮 四	9 2 坎 六	4 7 乾 二

丁山癸向

6 5 巽 九	1 1 離 五	8 3 坤 七
7 4 震 八	5 6 **中** 一	3 8 兌 三
2 9 艮 四	9 2 坎 六	4 7 乾 二

未山丑向

8 7 巽 九	4 2 離 五	6 9 坤 七
7 8 震 八	9 6 **中** 一	2 4 兌 三
3 3 艮 四	5 1 坎 六	1 5 乾 二

坤山艮向

8 5 巽 九	3 1 離 五	1 3 坤 七
9 4 震 八	7 6 **中** 一	5 8 兌 三
4 9 艮 四	2 2 坎 六	6 7 乾 二

申山寅向

8 5 巽 九	3 1 離 五	1 3 坤 七
9 4 震 八	7 6 **中** 一	5 8 兌 三
4 9 艮 四	2 2 坎 六	6 7 乾 二

戌山辰向

3 6 巽 九	7 2 離 五	5 4 坤 七
4 5 震 八	2 7 中 一	9 9 兌 三
8 1 艮 四	6 3 坎 六	1 8 乾 二

庚山甲向

9 8 巽 九	5 3 離 五	7 1 坤 七
8 9 震 八	1 7 中 一	3 5 兌 三
4 4 艮 四	6 2 坎 六	2 6 乾 二

乾山巽向

1 1 巽 九	6 5 離 五	8 3 坤 七
9 2 震 八	2 9 中 一	4 7 兌 三
5 6 艮 四	7 4 坎 六	3 8 乾 二

酉山卯向

3 6 巽 九	7 2 離 五	5 4 坤 七
4 5 震 八	2 7 中 一	9 9 兌 三
8 1 艮 四	6 3 坎 六	1 8 乾 二

亥山巳向

9 1 巽 九	5 5 離 五	7 3 坤 七
8 2 震 八	1 9 中 一	3 7 兌 三
4 6 艮 四	6 4 坎 六	2 8 乾 二

辛山乙向

3 8 巽 九	7 4 離 五	5 6 坤 七
4 7 震 八	2 9 中 一	9 2 兌 三
8 3 艮 四	6 5 坎 六	1 1 乾 二

◎替卦。 2、上元二運：

壬山丙向

8 7 巽 一	4 2 離 六	6 9 坤 八
7 8 震 九	9 6 **中** 二	2 4 兌 四
3 3 艮 五	5 1 坎 七	1 5 乾 三

子山午向

8 5 巽 一	3 1 離 六	1 3 坤 八
9 4 震 九	7 6 **中** 二	5 8 兌 四
4 9 艮 五	2 2 坎 七	6 7 乾 三

癸山丁向

8 5 巽 一	3 1 離 六	1 3 坤 八
9 4 震 九	7 6 **中** 二	5 8 兌 四
4 9 艮 五	2 2 坎 七	6 7 乾 三

丑山未向

6 8 巽 一	1 3 離 六	8 1 坤 八
7 9 震 九	5 7 **中** 二	3 5 兌 四
2 4 艮 五	9 2 坎 七	4 6 乾 三

艮山坤向

4 6 巽 一	9 2 離 六	2 4 坤 八
3 5 震 九	5 7 **中** 二	7 9 兌 四
8 1 艮 五	1 3 坎 七	6 8 乾 三

寅山申向

4 8 巽 一	9 4 離 六	2 6 坤 八
3 7 震 九	5 9 **中** 二	7 2 兌 四
8 3 艮 五	1 5 坎 七	6 1 乾 三

辰山戌向

1 9 巽 一	6 5 離 六	8 7 坤 八
9 8 震 九	2 1 中 二	4 3 兌 四
5 4 艮 五	7 6 坎 七	3 2 乾 三

甲山庚向

6 7 巽 一	2 2 離 六	4 9 坤 八
5 8 震 九	7 6 中 二	9 4 兌 四
1 3 艮 五	3 1 坎 七	8 5 乾 三

巽山乾向

2 3 巽 一	6 7 離 六	4 5 坤 八
3 4 震 九	1 2 中 二	8 9 兌 四
7 8 艮 五	5 6 坎 七	9 1 乾 三

卯山酉向

1 5 巽 一	5 1 離 六	3 3 坤 八
2 4 震 九	9 6 中 二	7 8 兌 四
6 9 艮 五	4 2 坎 七	8 7 乾 三

巳山亥向

2 3 巽 一	6 7 離 六	4 5 坤 八
3 4 震 九	1 2 中 二	8 9 兌 四
7 8 艮 五	5 6 坎 七	9 1 乾 三

乙山辛向

1 5 巽 一	5 1 離 六	3 3 坤 八
2 4 震 九	9 6 中 二	7 8 兌 四
6 9 艮 五	4 2 坎 七	8 7 乾 三

丙山壬向

7 8 巽 一	2 4 離 六	9 6 坤 八
8 7 震 九	6 9 **中** 二	4 2 兌 四
3 3 艮 五	1 5 坎 七	5 1 乾 三

午山子向

5 8 巽 一	1 3 離 六	3 1 坤 八
4 9 震 九	6 7 **中** 二	8 5 兌 四
9 4 艮 五	2 2 坎 七	7 6 乾 三

丁山癸向

5 8 巽 一	1 3 離 六	3 1 坤 八
4 9 震 九	6 7 **中** 二	8 5 兌 四
9 4 艮 五	2 2 坎 七	7 6 乾 三

未山丑向

8 6 巽 一	3 1 離 六	1 8 坤 八
9 7 震 九	7 5 **中** 二	5 3 兌 四
4 2 艮 五	2 9 坎 七	6 4 乾 三

坤山艮向

6 4 巽 一	2 9 離 六	4 2 坤 八
5 3 震 九	7 5 **中** 二	9 7 兌 四
1 8 艮 五	3 1 坎 七	8 6 乾 三

申山寅向

8 4 巽 一	4 9 離 六	6 2 坤 八
7 3 震 九	9 5 **中** 二	2 7 兌 四
3 8 艮 五	5 1 坎 七	1 6 乾 三

庚山甲向

7 6 巽 一	2 2 離 六	9 4 坤 八
8 5 震 九	6 7 中 二	4 9 兌 四
3 1 艮 五	1 3 坎 七	5 8 乾 三

酉山卯向

5 1 巽 一	1 5 離 六	3 3 坤 八
4 2 震 九	6 9 中 二	8 7 兌 四
9 6 艮 五	2 4 坎 七	7 8 乾 三

辛山乙向

5 1 巽 一	1 5 離 六	3 3 坤 八
4 2 震 九	6 9 中 二	8 7 兌 四
9 6 艮 五	2 4 坎 七	7 8 乾 三

戌山辰向

9 1 巽 一	5 6 離 六	7 8 坤 八
8 9 震 九	1 2 中 二	3 4 兌 四
4 5 艮 五	6 7 坎 七	2 3 乾 三

乾山巽向

3 2 巽 一	7 6 離 六	5 4 坤 八
4 3 震 九	2 1 中 二	9 8 兌 四
8 7 艮 五	6 5 坎 七	1 9 乾 三

亥山巳向

3 2 巽 一	7 6 離 六	5 4 坤 八
4 3 震 九	2 1 中 二	9 8 兌 四
8 7 艮 五	6 5 坎 七	1 9 乾 三

◎替卦。3、上元三運：

壬山丙向

8 8 巽 二	3 4 離 七	1 6 坤 九
9 7 震 一	7 9 中 三	5 2 兌 五
4 3 艮 六	2 5 坎 八	6 1 乾 四

子山午向

6 8 巽 二	2 3 離 七	4 1 坤 九
5 9 震 一	7 7 中 三	9 5 兌 五
1 4 艮 六	3 2 坎 八	8 6 乾 四

癸山丁向

8 8 巽 二	4 3 離 七	6 1 坤 九
7 9 震 一	9 7 中 三	2 5 兌 五
3 4 艮 六	5 2 坎 八	1 6 乾 四

丑山未向

7 6 巽 二	2 2 離 七	9 4 坤 九
8 5 震 一	6 7 中 三	4 9 兌 五
3 1 艮 六	1 3 坎 八	5 8 乾 四

艮山坤向

5 1 巽 二	1 5 離 七	3 3 坤 九
4 2 震 一	6 9 中 三	8 7 兌 五
9 6 艮 六	2 4 坎 八	7 8 乾 四

寅山申向

5 1 巽 二	1 5 離 七	3 3 坤 九
4 2 震 一	6 9 中 三	8 7 兌 五
9 6 艮 六	2 4 坎 八	7 8 乾 四

甲山庚向

1 4 巽 二	6 9 離 七	8 2 坤 九
9 3 震 一	2 5 中 三	4 7 兌 五
5 8 艮 六	7 1 坎 八	3 6 乾 四

卯山酉向

2 6 巽 二	6 1 離 七	4 8 坤 九
3 7 震 一	1 5 中 三	8 3 兌 五
7 2 艮 六	5 9 坎 八	9 4 乾 四

乙山辛向

2 6 巽 二	6 1 離 七	4 8 坤 九
3 7 震 一	1 5 中 三	8 3 兌 五
7 2 艮 六	5 9 坎 八	9 4 乾 四

辰山戌向

3 7 巽 二	7 2 離 七	5 9 坤 九
4 8 震 一	2 6 中 三	9 4 兌 五
8 3 艮 六	6 1 坎 八	1 5 乾 四

巽山乾向

1 5 巽 二	6 1 離 七	8 3 坤 九
9 4 震 一	2 6 中 三	4 8 兌 五
5 9 艮 六	7 2 坎 八	3 7 乾 四

巳山亥向

9 5 巽 二	5 1 離 七	7 3 坤 九
8 4 震 一	1 6 中 三	3 8 兌 五
4 9 艮 六	6 2 坎 八	2 7 乾 四

未山丑向

6 7 巽 二	2 2 離 七	4 9 坤 九
5 8 震 一	7 6 中 三	9 4 兑 五
1 3 艮 六	3 1 坎 八	8 5 乾 四

丙山壬向

8 8 巽 二	4 3 離 七	6 1 坤 九
7 9 震 一	9 7 中 三	2 5 兑 五
3 4 艮 六	5 2 坎 八	1 6 乾 四

坤山艮向

1 5 巽 二	5 1 離 七	3 3 坤 九
2 4 震 一	9 6 中 三	7 8 兑 五
6 9 艮 六	4 2 坎 八	8 7 乾 四

午山子向

8 6 巽 二	3 2 離 七	1 4 坤 九
9 5 震 一	7 7 中 三	5 9 兑 五
4 1 艮 六	2 6 坎 八	6 8 乾 四

申山寅向

1 5 巽 二	5 1 離 七	3 3 坤 九
2 4 震 一	9 6 中 三	7 8 兑 五
6 9 艮 六	4 2 坎 八	8 7 乾 四

丁山癸向

8 8 巽 二	3 4 離 七	1 6 坤 九
9 7 震 一	7 9 中 三	5 2 兑 五
4 3 艮 六	2 5 坎 八	6 1 乾 四

戌山辰向

7 3 巽 二	2 7 離 七	9 5 坤 九
8 4 震 一	6 2 **中** 三	4 9 兌 五
3 8 艮 六	1 6 坎 八	5 1 乾 四

庚山甲向

4 1 巽 二	9 6 離 七	2 8 坤 九
3 9 震 一	5 2 **中** 三	7 4 兌 五
8 5 艮 六	1 7 坎 八	6 3 乾 四

乾山巽向

5 1 巽 二	1 6 離 七	3 8 坤 九
4 9 震 一	6 2 **中** 三	8 4 兌 五
9 5 艮 六	2 7 坎 八	7 3 乾 四

酉山卯向

6 2 巽 二	1 6 離 七	8 4 坤 九
7 3 震 一	5 1 **中** 三	3 8 兌 五
2 7 艮 六	9 5 坎 八	4 9 乾 四

亥山巳向

5 9 巽 二	1 5 離 七	3 7 坤 九
4 8 震 一	6 1 **中** 三	8 3 兌 五
9 4 艮 六	2 6 坎 八	7 2 乾 四

辛山乙向

6 2 巽 二	1 6 離 七	8 4 坤 九
7 3 震 一	5 1 **中** 三	3 8 兌 五
2 7 艮 六	9 5 坎 八	4 9 乾 四

◎替卦。4、中元四運：

壬山丙向

6 8 巽 三	2 3 離 八	4 1 坤 一
5 9 震 二	7 7 **中 四**	9 5 兌 六
1 4 艮 七	3 2 坎 九	8 6 乾 五

子山午向

1 6 巽 三	5 2 離 八	3 4 坤 一
2 5 震 二	9 7 **中 四**	7 9 兌 六
6 1 艮 七	4 3 坎 九	8 8 乾 五

癸山丁向

1 8 巽 三	5 4 離 八	3 6 坤 一
2 7 震 二	9 9 **中 四**	7 2 兌 六
6 3 艮 七	4 5 坎 九	8 1 乾 五

丑山未向

8 1 巽 三	4 6 離 八	6 8 坤 一
7 9 震 二	9 2 **中 四**	2 4 兌 六
3 5 艮 七	5 7 坎 九	1 3 乾 五

艮山坤向

8 2 巽 三	3 6 離 八	1 4 坤 一
9 3 震 二	7 1 **中 四**	5 8 兌 六
4 7 艮 七	2 5 坎 九	6 9 乾 五

寅山申向

8 2 巽 三	3 6 離 八	1 4 坤 一
9 3 震 二	7 1 **中 四**	5 8 兌 六
4 7 艮 七	2 5 坎 九	6 9 乾 五

辰山戌向

9 6 巽 三	5 1 離 八	7 8 坤 一
8 7 震 二	1 5 **中 四**	3 3 兌 六
4 2 艮 七	6 9 坎 九	2 4 乾 五

甲山庚向

3 7 巽 三	7 2 離 八	5 9 坤 一
4 8 震 二	2 6 **中 四**	9 4 兌 六
8 3 艮 七	6 1 坎 九	1 5 乾 五

巽山乾向

3 4 巽 三	7 9 離 八	5 2 坤 一
4 3 震 二	2 5 **中 四**	9 7 兌 六
8 8 艮 七	6 1 坎 九	1 6 乾 五

卯山酉向

1 5 巽 三	6 1 離 八	8 3 坤 一
9 4 震 二	2 6 **中 四**	4 8 兌 六
5 9 艮 七	7 2 坎 九	3 7 乾 五

巳山亥向

3 4 巽 三	7 9 離 八	5 2 坤 一
4 3 震 二	2 5 **中 四**	9 7 兌 六
8 8 艮 七	6 1 坎 九	1 6 乾 五

乙山辛向

9 5 巽 三	5 1 離 八	7 3 坤 一
8 4 震 二	1 6 **中 四**	3 8 兌 六
4 9 艮 七	6 2 坎 九	2 7 乾 五

丙山壬向

8 6 巽 三	3 2 離 八	1 4 坤 一
9 5 震 二	7 7 **中 四**	5 9 兌 六
4 1 艮 七	2 3 坎 九	6 8 乾 五

午山子向

6 1 巽 三	2 5 離 八	4 3 坤 一
5 2 震 二	7 9 **中 四**	9 7 兌 六
1 6 艮 七	3 4 坎 九	8 8 乾 五

丁山癸向

8 1 巽 三	4 5 離 八	6 3 坤 一
7 2 震 二	9 9 **中 四**	2 7 兌 六
3 6 艮 七	5 4 坎 九	1 8 乾 五

未山丑向

1 8 巽 三	6 4 離 八	8 6 坤 一
9 7 震 二	2 9 **中 四**	4 2 兌 六
5 3 艮 七	7 5 坎 九	3 1 乾 五

坤山艮向

2 8 巽 三	6 3 離 八	4 1 坤 一
3 9 震 二	1 7 **中 四**	8 5 兌 六
7 4 艮 七	5 2 坎 九	9 6 乾 五

申山寅向

2 8 巽 三	6 3 離 八	4 1 坤 一
3 9 震 二	1 7 **中 四**	8 5 兌 六
7 4 艮 七	5 2 坎 九	9 6 乾 五

戌山辰向

6 9 巽 三	1 5 離 八	8 7 坤 一
7 8 震 二	5 1 **中 四**	3 3 兌 六
2 4 艮 七	9 6 坎 九	4 2 乾 五

庚山甲向

7 3 巽 三	2 7 離 八	9 5 坤 一
8 4 震 二	6 2 **中 四**	4 9 兌 六
3 8 艮 七	1 6 坎 九	5 1 乾 五

乾山巽向

4 3 巽 三	9 7 離 八	2 5 坤 一
3 4 震 二	5 2 **中 四**	7 9 兌 六
8 8 艮 七	1 6 坎 九	6 1 乾 五

酉山卯向

5 1 巽 三	1 6 離 八	3 8 坤 一
4 9 震 二	6 2 **中 四**	8 4 兌 六
9 5 艮 七	2 7 坎 九	7 3 乾 五

亥山巳向

4 3 巽 三	9 7 離 八	2 5 坤 一
3 4 震 二	5 2 **中 四**	7 9 兌 六
8 8 艮 七	1 6 坎 九	6 1 乾 五

辛山乙向

5 9 巽 三	1 5 離 八	3 7 坤 一
4 8 震 二	6 1 **中 四**	8 3 兌 六
9 4 艮 七	2 6 坎 九	7 2 乾 五

◎替卦。 5、中元五運：

壬山丙向

1 6 巽 四	6 2 離 九	8 4 坤 二
9 5 震 三	2 7 **中 五**	4 9 兌 七
5 1 艮 八	7 3 坎 一	3 8 乾 六

子山午向

2 1 巽 四	6 5 離 九	4 3 坤 二
3 2 震 三	1 9 **中 五**	8 7 兌 七
7 6 艮 八	5 4 坎 一	9 8 乾 六

癸山丁向

2 1 巽 四	6 5 離 九	4 3 坤 二
3 2 震 三	1 9 **中 五**	8 7 兌 七
7 6 艮 八	5 4 坎 一	9 8 乾 六

丑山未向

8 3 巽 四	3 7 離 九	1 5 坤 二
9 4 震 三	7 2 **中 五**	5 9 兌 七
4 8 艮 八	2 6 坎 一	6 1 乾 六

艮山坤向

6 1 巽 四	2 6 離 九	4 8 坤 二
5 9 震 三	7 2 **中 五**	9 4 兌 七
1 5 艮 八	3 7 坎 一	8 3 乾 六

寅山申向

8 9 巽 四	4 5 離 九	6 7 坤 二
7 8 震 三	9 1 **中 五**	2 3 兌 七
3 4 艮 八	5 6 坎 一	1 2 乾 六

甲山庚向

9 8 巽 四	5 4 離 九	7 6 坤 二
8 7 震 三	1 9 **中 五**	3 2 兌 七
4 3 艮 八	6 5 坎 一	2 1 乾 六

卯山酉向

3 8 巽 四	7 3 離 九	5 1 坤 二
4 9 震 三	2 7 **中 五**	9 5 兌 七
8 4 艮 八	6 2 坎 一	1 6 乾 六

乙山辛向

3 8 巽 四	7 3 離 九	5 1 坤 二
4 9 震 三	2 7 **中 五**	9 5 兌 七
8 4 艮 八	6 2 坎 一	1 6 乾 六

辰山戌向

7 7 巽 四	2 2 離 九	9 9 坤 二
8 8 震 三	6 6 **中 五**	4 4 兌 七
3 3 艮 八	1 1 坎 一	5 5 乾 六

巽山乾向

5 5 巽 四	1 1 離 九	3 3 坤 二
4 4 震 三	6 6 **中 五**	8 8 兌 七
9 9 艮 八	2 2 坎 一	7 7 乾 六

巳山亥向

5 5 巽 四	1 1 離 九	3 3 坤 二
4 4 震 三	6 6 **中 五**	8 8 兌 七
9 9 艮 八	2 2 坎 一	7 7 乾 六

未山丑向

3 8 巽 四	7 3 離 九	5 1 坤 二
4 9 震 三	2 7 **中 五**	9 5 兌 七
8 4 艮 八	6 2 坎 一	1 6 乾 六

丙山壬向

6 1 巽 四	2 6 離 九	4 8 坤 二
5 9 震 三	7 2 **中 五**	9 4 兌 七
1 5 艮 八	3 7 坎 一	8 3 乾 六

坤山艮向

1 6 巽 四	6 2 離 九	8 4 坤 二
9 5 震 三	2 7 **中 五**	4 9 兌 七
5 1 艮 八	7 3 坎 一	3 8 乾 六

午山子向

1 2 巽 四	5 6 離 九	3 4 坤 二
2 3 震 三	9 1 **中 五**	7 8 兌 七
6 7 艮 八	4 5 坎 一	8 9 乾 六

申山寅向

9 8 巽 四	5 4 離 九	7 6 坤 二
8 7 震 三	1 9 **中 五**	3 2 兌 七
4 3 艮 八	6 5 坎 一	2 1 乾 六

丁山癸向

1 2 巽 四	5 6 離 九	3 4 坤 二
2 3 震 三	9 1 **中 五**	7 8 兌 七
6 7 艮 八	4 5 坎 一	8 9 乾 六

戌山辰向

7 7 巽 四	2 2 離 九	9 9 坤 二
8 8 震 三	6 6 **中 五**	4 4 兌 七
3 3 艮 八	1 1 坎 一	5 5 乾 六

庚山甲向

8 9 巽 四	4 5 離 九	6 7 坤 二
7 8 震 三	9 1 **中 五**	2 3 兌 七
3 4 艮 八	5 6 坎 一	1 2 乾 六

乾山巽向

5 5 巽 四	1 1 離 九	3 3 坤 二
4 4 震 三	6 6 **中 五**	8 8 兌 七
9 9 艮 八	2 2 坎 一	7 7 乾 六

酉山卯向

8 3 巽 四	3 7 離 九	1 5 坤 二
9 4 震 三	7 2 **中 五**	5 9 兌 七
4 8 艮 八	2 6 坎 一	6 1 乾 六

亥山巳向

5 5 巽 四	1 1 離 九	3 3 坤 二
4 4 震 三	6 6 **中 五**	8 8 兌 七
9 9 艮 八	2 2 坎 一	7 7 乾 六

辛山乙向

8 3 巽 四	3 7 離 九	1 5 坤 二
9 4 震 三	7 2 **中 五**	5 9 兌 七
4 8 艮 八	2 6 坎 一	6 1 乾 六

◎替卦。 6、中元六運：

壬山丙向

3 1 巽 五	7 6 離 一	5 8 坤 三
4 9 震 四	2 2 **中 六**	9 4 兌 八
8 5 艮 九	6 7 坎 二	1 3 乾 七

丑山未向

6 9 巽 五	2 5 離 一	4 7 坤 三
5 8 震 四	7 1 **中 六**	9 3 兌 八
1 4 艮 九	3 6 坎 二	8 2 乾 七

子山午向

1 2 巽 五	6 6 離 一	8 4 坤 三
9 3 震 四	2 1 **中 六**	4 8 兌 八
5 7 艮 九	7 5 坎 二	3 9 乾 七

艮山坤向

1 3 巽 五	5 7 離 一	3 5 坤 三
2 4 震 四	9 2 **中 六**	7 9 兌 八
6 8 艮 九	4 6 坎 二	8 1 乾 七

癸山丁向

9 2 巽 五	5 6 離 一	7 4 坤 三
8 3 震 四	1 1 **中 六**	3 8 兌 八
4 7 艮 九	6 5 坎 二	2 9 乾 七

寅山申向

1 3 巽 五	5 7 離 一	3 5 坤 三
2 4 震 四	9 2 **中 六**	7 9 兌 八
6 8 艮 九	4 6 坎 二	8 1 乾 七

甲山庚向

7 8 巽 五	2 3 離 一	9 1 坤 三
8 9 震 四	6 7 **中 六**	4 5 兌 八
3 4 艮 九	1 2 坎 二	5 6 乾 七

辰山戌向

6 8 巽 五	1 4 離 一	8 6 坤 三
7 7 震 四	5 9 **中 六**	3 2 兌 八
2 3 艮 九	9 5 坎 二	4 1 乾 七

卯山酉向

5 6 巽 五	1 2 離 一	3 4 坤 三
4 5 震 四	6 7 **中 六**	8 9 兌 八
9 1 艮 九	2 3 坎 二	7 8 乾 七

巽山乾向

4 8 巽 五	9 3 離 一	2 1 坤 三
3 9 震 四	5 7 **中 六**	7 5 兌 八
8 4 艮 九	1 2 坎 二	6 6 乾 七

乙山辛向

5 8 巽 五	1 4 離 一	3 6 坤 三
4 7 震 四	6 9 **中 六**	8 2 兌 八
9 3 艮 九	2 5 坎 二	7 1 乾 七

巳山亥向

4 8 巽 五	9 3 離 一	2 1 坤 三
3 9 震 四	5 7 **中 六**	7 5 兌 八
8 4 艮 九	1 2 坎 二	6 6 乾 七

未山丑向

9 6 巽 五	5 2 離 一	7 4 坤 三
8 5 震 四	1 7 **中 六**	3 9 兌 八
4 1 艮 九	6 3 坎 二	2 8 乾 七

丙山壬向

1 3 巽 五	6 7 離 一	8 5 坤 三
9 4 震 四	2 2 **中 六**	4 9 兌 八
5 8 艮 九	7 6 坎 二	3 1 乾 七

坤山艮向

3 1 巽 五	7 5 離 一	5 3 坤 三
4 2 震 四	2 9 **中 六**	9 7 兌 八
8 6 艮 九	6 4 坎 二	1 8 乾 七

午山子向

2 1 巽 五	6 6 離 一	4 8 坤 三
3 9 震 四	1 2 **中 六**	8 4 兌 八
7 5 艮 九	5 7 坎 二	9 3 乾 七

申山寅向

3 1 巽 五	7 5 離 一	5 3 坤 三
4 2 震 四	2 9 **中 六**	9 7 兌 八
8 6 艮 九	6 4 坎 二	1 8 乾 七

丁山癸向

2 9 巽 五	6 5 離 一	4 7 坤 三
3 8 震 四	1 1 **中 六**	8 3 兌 八
7 4 艮 九	5 6 坎 二	9 2 乾 七

戌山辰向

8 6 巽 五	4 1 離 一	6 8 坤 三
7 7 震 四	9 5 中 六	2 3 兌 八
3 2 艮 九	5 9 坎 二	1 4 乾 七

庚山甲向

8 7 巽 五	3 2 離 一	1 9 坤 三
9 8 震 四	7 6 中 六	5 4 兌 八
4 3 艮 九	2 1 坎 二	6 5 乾 七

乾山巽向

8 4 巽 五	3 9 離 一	1 2 坤 三
9 3 震 四	7 5 中 六	5 7 兌 八
4 8 艮 九	2 1 坎 二	6 6 乾 七

酉山卯向

6 5 巽 五	2 1 離 一	4 3 坤 三
5 4 震 四	7 6 中 六	9 8 兌 八
1 9 艮 九	3 2 坎 二	8 7 乾 七

亥山巳向

8 4 巽 五	3 9 離 一	1 2 坤 三
9 3 震 四	7 5 中 六	5 7 兌 八
4 8 艮 九	2 1 坎 二	6 6 乾 七

辛山乙向

8 5 巽 五	4 1 離 一	6 3 坤 三
7 4 震 四	9 6 中 六	2 8 兌 八
3 9 艮 九	5 2 坎 二	1 7 乾 七

◎替卦。7、下元七運：

壬山丙向

9 3 巽 六	5 7 離 二	7 5 坤 四
8 4 震 五	1 2 **中 七**	3 9 兌 九
4 8 艮 一	6 6 坎 三	2 1 乾 八

子山午向

3 1 巽 六	7 6 離 二	5 8 坤 四
4 9 震 五	2 2 **中 七**	9 4 兌 九
8 5 艮 一	6 7 坎 三	1 3 乾 八

癸山丁向

3 9 巽 六	7 5 離 二	5 7 坤 四
4 8 震 五	2 1 **中 七**	9 3 兌 九
8 4 艮 一	6 6 坎 三	1 2 乾 八

丑山未向

1 7 巽 六	6 2 離 二	8 9 坤 四
9 8 震 五	2 6 **中 七**	4 4 兌 九
5 3 艮 一	7 1 坎 三	3 5 乾 八

艮山坤向

2 5 巽 六	6 1 離 二	4 3 坤 四
3 4 震 五	1 6 **中 七**	8 8 兌 九
7 9 艮 一	5 2 坎 三	9 7 乾 八

寅山申向

2 5 巽 六	6 1 離 二	4 3 坤 四
3 4 震 五	1 6 **中 七**	8 8 兌 九
7 9 艮 一	5 2 坎 三	9 7 乾 八

辰山戌向

7 8 巽 六	2 3 離 二	9 1 坤 四
8 9 震 五	6 7 **中 七**	4 5 兌 九
3 4 艮 一	1 2 坎 三	5 6 乾 八

甲山庚向

4 6 巽 六	9 2 離 二	2 4 坤 四
3 5 震 五	5 7 **中 七**	7 9 兌 九
8 1 艮 一	1 3 坎 三	6 8 乾 八

巽山乾向

5 6 巽 六	1 2 離 二	3 4 坤 四
4 5 震 五	6 7 **中 七**	8 9 兌 九
9 1 艮 一	2 3 坎 三	7 8 乾 八

卯山酉向

6 1 巽 六	1 5 離 二	8 3 坤 四
7 2 震 五	5 9 **中 七**	3 7 兌 九
2 6 艮 一	9 4 坎 三	4 8 乾 八

巳山亥向

5 8 巽 六	1 4 離 二	3 6 坤 四
4 7 震 五	6 9 **中 七**	8 2 兌 九
9 3 艮 一	2 5 坎 三	7 1 乾 八

乙山辛向

6 1 巽 六	1 5 離 二	8 3 坤 四
7 2 震 五	5 9 **中 七**	3 7 兌 九
2 6 艮 一	9 4 坎 三	4 8 乾 八

未山丑向

7 1 巽 六	2 6 離 二	9 8 坤 四
8 9 震 五	6 2 **中 七**	4 4 兌 九
3 5 艮 一	1 7 坎 三	5 3 乾 八

丙山壬向

3 9 巽 六	7 5 離 二	5 7 坤 四
4 8 震 五	2 1 **中 七**	9 3 兌 九
8 4 艮 一	6 6 坎 三	1 2 乾 八

坤山艮向

5 2 巽 六	1 6 離 二	3 4 坤 四
4 3 震 五	6 1 **中 七**	8 8 兌 九
9 7 艮 一	2 5 坎 三	7 9 乾 八

午山子向

1 3 巽 六	6 7 離 二	8 5 坤 四
9 4 震 五	2 2 **中 七**	4 9 兌 九
5 8 艮 一	7 6 坎 三	3 1 乾 八

申山寅向

5 2 巽 六	1 6 離 二	3 4 坤 四
4 3 震 五	6 1 **中 七**	8 8 兌 九
9 7 艮 一	2 5 坎 三	7 9 乾 八

丁山癸向

9 3 巽 六	5 7 離 二	7 5 坤 四
8 4 震 五	1 2 **中 七**	3 9 兌 九
4 8 艮 一	6 6 坎 三	2 1 乾 八

庚山甲向

6 4 巽 六	2 9 離 二	4 2 坤 四
5 3 震 五	7 5 **中 七**	9 7 兌 九
1 8 艮 一	3 1 坎 三	8 6 乾 八

酉山卯向

1 6 巽 六	5 1 離 二	3 8 坤 四
2 7 震 五	9 5 **中 七**	7 3 兌 九
6 2 艮 一	4 9 坎 三	8 4 乾 八

辛山乙向

1 6 巽 六	5 1 離 二	3 8 坤 四
2 7 震 五	9 5 **中 七**	7 3 兌 九
6 2 艮 一	4 9 坎 三	8 4 乾 八

戌山辰向

8 7 巽 六	3 2 離 二	1 9 坤 四
9 8 震 五	7 6 **中 七**	5 4 兌 九
4 3 艮 一	2 1 坎 三	6 5 乾 八

乾山巽向

6 5 巽 六	2 1 離 二	4 3 坤 四
5 4 震 五	7 6 **中 七**	9 8 兌 九
1 9 艮 一	3 2 坎 三	8 7 乾 八

亥山巳向

8 5 巽 六	4 1 離 二	6 3 坤 四
7 4 震 五	9 6 **中 七**	2 8 兌 九
3 9 艮 一	5 2 坎 三	1 7 乾 八

◎替卦。 8、下元八運：

壬山丙向

7 9 巽 七	2 5 離 三	9 7 坤 五
8 8 震 六	6 1 **中 八**	4 3 兌 一
3 4 艮 二	1 6 坎 四	5 2 乾 九

丑山未向

3 6 巽 七	7 1 離 三	5 8 坤 五
4 7 震 六	2 5 **中 八**	9 3 兌 一
8 2 艮 二	6 9 坎 四	1 4 乾 九

子山午向

5 3 巽 七	1 7 離 三	3 5 坤 五
4 4 震 六	6 2 **中 八**	8 9 兌 一
9 8 艮 二	2 6 坎 四	7 1 乾 九

艮山坤向

1 4 巽 七	6 9 離 三	8 2 坤 五
9 3 震 六	2 5 **中 八**	4 7 兌 一
5 8 艮 二	7 1 坎 四	3 6 乾 九

癸山丁向

5 3 巽 七	1 7 離 三	3 5 坤 五
4 4 震 六	6 2 **中 八**	8 9 兌 一
9 8 艮 二	2 6 坎 四	7 1 乾 九

寅山申向

9 4 巽 七	5 9 離 三	7 2 坤 五
8 3 震 六	1 5 **中 八**	3 7 兌 一
4 8 艮 二	6 1 坎 四	2 6 乾 九

甲山庚向

7 1 巽 七	2 6 離 三	9 8 坤 五
8 9 震 六	6 2 **中** 八	4 4 兌 一
3 5 艮 二	1 7 坎 四	5 3 乾 九

卯山酉向

5 2 巽 七	1 6 離 三	3 4 坤 五
4 3 震 六	6 1 **中** 八	8 8 兌 一
9 7 艮 二	2 5 坎 四	7 9 乾 九

乙山辛向

5 2 巽 七	1 6 離 三	3 4 坤 五
4 3 震 六	6 1 **中** 八	8 8 兌 一
9 7 艮 二	2 5 坎 四	7 9 乾 九

辰山戌向

8 6 巽 七	4 2 離 三	6 4 坤 五
7 5 震 六	9 7 **中** 八	2 9 兌 一
3 1 艮 二	5 3 坎 四	1 8 乾 九

巽山乾向

8 1 巽 七	3 5 離 三	1 3 坤 五
9 2 震 六	7 9 **中** 八	5 7 兌 一
4 6 艮 二	2 4 坎 四	6 8 乾 九

巳山亥向

8 1 巽 七	3 5 離 三	1 3 坤 五
9 2 震 六	7 9 **中** 八	5 7 兌 一
4 6 艮 二	2 4 坎 四	6 8 乾 九

未山丑向

6 3 巽 七	1 7 離 三	8 5 坤 五
7 4 震 六	5 2 **中** 八	3 9 兌 一
2 8 艮 二	9 6 坎 四	4 1 乾 九

坤山艮向

4 1 巽 七	9 6 離 三	2 8 坤 五
3 9 震 六	5 2 **中** 八	7 4 兌 一
8 5 艮 二	1 7 坎 四	6 3 乾 九

申山寅向

4 9 巽 七	9 5 離 三	2 7 坤 五
3 8 震 六	5 1 **中** 八	7 3 兌 一
8 4 艮 二	1 6 坎 四	6 2 乾 九

丙山壬向

9 7 巽 七	5 2 離 三	7 9 坤 五
8 8 震 六	1 6 **中** 八	3 4 兌 一
4 3 艮 二	6 1 坎 四	2 5 乾 九

午山子向

3 5 巽 七	7 1 離 三	5 3 坤 五
4 4 震 六	2 6 **中** 八	9 8 兌 一
8 9 艮 二	6 2 坎 四	1 7 乾 九

丁山癸向

3 5 巽 七	7 1 離 三	5 3 坤 五
4 4 震 六	2 6 **中** 八	9 8 兌 一
8 9 艮 二	6 2 坎 四	1 7 乾 九

戌山辰向

6 8 巽 七	2 4 離 三	4 6 坤 五
5 7 震 六	7 9 **中** 八	9 2 兌 一
1 3 艮 二	3 5 坎 四	8 1 乾 九

乾山巽向

1 8 巽 七	5 3 離 三	3 1 坤 五
2 9 震 六	9 7 **中** 八	7 5 兌 一
6 4 艮 二	4 2 坎 四	8 6 乾 九

亥山巳向

1 8 巽 七	5 3 離 三	3 1 坤 五
2 9 震 六	9 7 **中** 八	7 5 兌 一
6 4 艮 二	4 2 坎 四	8 6 乾 九

庚山甲向

1 7 巽 七	6 2 離 三	8 9 坤 五
9 8 震 六	2 6 **中** 八	4 4 兌 一
5 3 艮 二	7 1 坎 四	3 5 乾 九

酉山卯向

2 5 巽 七	6 1 離 三	4 3 坤 五
3 4 震 六	1 6 **中** 八	8 8 兌 一
7 9 艮 二	5 2 坎 四	9 7 乾 九

辛山乙向

2 5 巽 七	6 1 離 三	4 3 坤 五
3 4 震 六	1 6 **中** 八	8 8 兌 一
7 9 艮 二	5 2 坎 四	9 7 乾 九

◎替卦。9、下元九運：

壬山丙向

4 7 巽 八	9 2 離 四	2 9 坤 六
3 8 震 七	5 6 **中 九**	7 4 兌 二
8 3 艮 三	1 1 坎 五	6 5 乾 一

丑山未向

9 7 巽 八	5 2 離 四	7 9 坤 六
8 8 震 七	1 6 **中 九**	3 4 兌 二
4 3 艮 三	6 1 坎 五	2 5 乾 一

子山午向

6 5 巽 八	1 1 離 四	8 3 坤 六
7 4 震 七	5 6 **中 九**	3 8 兌 二
2 9 艮 三	9 2 坎 五	4 7 乾 一

艮山坤向

3 5 巽 八	7 1 離 四	5 3 坤 六
4 4 震 七	2 6 **中 九**	9 8 兌 二
8 9 艮 三	6 2 坎 五	1 7 乾 一

癸山丁向

6 5 巽 八	1 1 離 四	8 3 坤 六
7 4 震 七	5 6 **中 九**	3 8 兌 二
2 9 艮 三	9 2 坎 五	4 7 乾 一

寅山申向

3 5 巽 八	7 1 離 四	5 3 坤 六
4 4 震 七	2 6 **中 九**	9 8 兌 二
8 9 艮 三	6 2 坎 五	1 7 乾 一

甲山庚向

8 3 巽 八	4 7 離 四	6 5 坤 六
7 4 震 七	9 2 **中 九**	2 9 兌 二
3 8 艮 三	5 6 坎 五	1 1 乾 一

卯山酉向

8 1 巽 八	3 6 離 四	1 8 坤 六
9 9 震 七	7 2 **中 九**	5 4 兌 二
4 5 艮 三	2 7 坎 五	6 3 乾 一

乙山辛向

8 9 巽 八	3 5 離 四	1 7 坤 六
9 8 震 七	7 1 **中 九**	5 3 兌 二
4 4 艮 三	2 6 坎 五	6 2 乾 一

辰山戌向

8 1 巽 八	3 6 離 四	1 8 坤 六
9 9 震 七	7 2 **中 九**	5 4 兌 二
4 5 艮 三	2 7 坎 五	6 3 乾 一

巽山乾向

6 2 巽 八	2 6 離 四	4 4 坤 六
5 3 震 七	7 1 **中 九**	9 8 兌 二
1 7 艮 三	3 5 坎 五	8 9 乾 一

巳山亥向

8 2 巽 八	4 6 離 四	6 4 坤 六
7 3 震 七	9 1 **中 九**	2 8 兌 二
3 7 艮 三	5 5 坎 五	1 9 乾 一

未山丑向

7 9 巽 八	2 5 離 四	9 7 坤 六
8 8 震 七	6 1 **中 九**	4 3 兌 二
3 4 艮 三	1 6 坎 五	5 2 乾 一

丙山壬向

7 4 巽 八	2 9 離 四	9 2 坤 六
8 3 震 七	6 5 **中 九**	4 7 兌 二
3 8 艮 三	1 1 坎 五	5 6 乾 一

坤山艮向

5 3 巽 八	1 7 離 四	3 5 坤 六
4 4 震 七	6 2 **中 九**	8 9 兌 二
9 8 艮 三	2 6 坎 五	7 1 乾 一

午山子向

5 6 巽 八	1 1 離 四	3 8 坤 六
4 7 震 七	6 5 **中 九**	8 3 兌 二
9 2 艮 三	2 9 坎 五	7 4 乾 一

申山寅向

5 3 巽 八	1 7 離 四	3 5 坤 六
4 4 震 七	6 2 **中 九**	8 9 兌 二
9 8 艮 三	2 6 坎 五	7 1 乾 一

丁山癸向

5 6 巽 八	1 1 離 四	3 8 坤 六
4 7 震 七	6 5 **中 九**	8 3 兌 二
9 2 艮 三	2 9 坎 五	7 4 乾 一

戌山辰向

1 8 巽 八	6 3 離 四	8 1 坤 六
9 9 震 七	2 7 **中 九**	4 5 兌 二
5 4 艮 三	7 2 坎 五	3 6 乾 一

庚山甲向

3 8 巽 八	7 4 離 四	5 6 坤 六
4 7 震 七	2 9 **中 九**	9 2 兌 二
8 3 艮 三	6 5 坎 五	1 1 乾 一

乾山巽向

2 6 巽 八	6 2 離 四	4 4 坤 六
3 5 震 七	1 7 **中 九**	8 9 兌 二
7 1 艮 三	5 3 坎 五	9 8 乾 一

酉山卯向

1 8 巽 八	6 3 離 四	8 1 坤 六
9 9 震 七	2 7 **中 九**	4 5 兌 二
5 4 艮 三	7 2 坎 五	3 6 乾 一

亥山巳向

2 8 巽 八	6 4 離 四	4 6 坤 六
3 7 震 七	1 9 **中 九**	8 2 兌 二
7 3 艮 三	5 5 坎 五	9 1 乾 一

辛山乙向

9 8 巽 八	5 3 離 四	7 1 坤 六
8 9 震 七	1 7 **中 九**	3 5 兌 二
4 4 艮 三	6 2 坎 五	2 6 乾 一

六、玄空學的山、水觀

玄空學「山、水挨星盤」裡面的「山盤」與「水盤」，乃是以大自然真實的山川、溪流……等形勢，做為陰宅風水堪輿的準則，並將此形勢擬用於居家陽宅之堪輿，再看陽宅內「山、水挨星」磁場為得令或失令，及山盤、水盤位置擺飾物之擺飾得位或失位等，依此而為吉凶禍福的驗斷。

1、陰宅風水之山、水形勢：

（1）山：指的是高山、峻嶺、山峰、崗阜、小坵、土墩、牌樓、高樓、高塔、電塔、高大建築物、高大樹木；另外就一望無際的平原之地而言，如果有高出地面三尺的突出地形，就以「山」勢論之。

（2）水：指的是江、湖、河、海、溪流、川、溝渠、池塘、潭、泊、埤、山谷、深淵；另外就一望無際的平原之地而言，如果有低於地面三尺的凹地，就以「水」勢論之。

2、陽宅堪輿之山、水形勢：

（1）山：在屋內指的是高大櫥櫃、書櫃、酒櫃、重而厚實的家具、沙發、床位、桌子、神桌、餐桌、流理台、瓦斯爐、冰箱、電視、整套電腦配備、整套大型音響、九重葛、大型觀葉植物。在屋外指的是大樹、假山、圍牆、牌樓、高大建築物、高塔、狹小的巷道。

（2）水：在屋內指的是走道、出入門、窗戶、冷氣機、電風扇、水族箱、飲水機、水龍頭、低矮之物、空而流通的地方、通風口、浴廁、電梯、樓梯。在屋外指的是馬路、水溝、較寬大的巷道、電梯、樓梯。

可知，就陽宅堪輿而言，除了要注重室內格局設計、動線流暢、光線與通風等基本要素外，在「山、水挨星盤」就「山盤」挨星所在為旺氣、生氣、輔氣（詳前述第178、179頁）的宮位裡，該地方就以「山」的象意為擺設的準則，例如「山盤」挨星旺氣在客廳，該地方就以櫥櫃、酒櫃、沙發等為強調的重點；就「水盤」挨星所在為旺氣、生氣、輔氣（詳前述第178、179頁）的宮位裡，該地方就以「水」的象意為擺設的準則，例如「水盤」挨星旺氣在客廳，該地方除了要有流暢的通路外，也可以擺放水族箱（註一）、飲水機、電風扇、冷氣機等為強調的重點；如果「山盤」與「水盤」在同一宮位都有出現旺、生、輔氣挨星的話，則該地方可同時強調山與水的擺設象意。

依此準則而為陽宅堪輿之改造格局者，就稱為「山水合局」；反之，若是在「山盤」挨星所在為旺氣、生氣、輔氣的宮位裡，以「水」的象意為擺設之情形，或是在「水盤」挨星所在為旺氣、生氣、輔氣的宮位裡，以「山」的象意為擺設等情形者，統稱為「山水失局」。由於「山管人丁、水管財」，所以合局者主財丁兩旺，失局者主傷丁破財。

註一：就「水族箱」這個室內裝飾品而言，由於在堪輿學上有句「山管人丁、水管財」的名言，所以不管是報章雜誌、社會大眾或者是專業堪輿者，都將它視為「財庫」的象徵，並且都說客廳裡要擺個水族箱，代表著有「財庫」置放在居家裡，以求得能夠因此而發財致富；甚至於還有要放六條、九條、六十六條、九十九條魚等的說法。

以筆者而言，並不贊同將「水族箱」視為「財庫」象徵的論說，及要放幾條魚的說法，並且認為這是一種無稽之談。就玄空學中，「水」的象意很廣泛，並不是只侷限於單一個水族箱而已。當筆者在幫客戶為陽宅堪輿時，必同時參考客戶的生辰八字，看他們命局中五行的喜、忌神為何，而來建議客戶是否需要擺設水族箱；如果命局中木、火旺盛，以金、水為喜用神者，筆者必會建議客戶在居宅內擺設個水族箱；但如果是以金、水為忌用神者，筆者就不建議客戶在「水盤」的旺氣方擺設水族箱，而是以其他代表「水」的象意來為陽宅之改造。

筆者在此要強調的是，擺設水族箱並不代表擺設一個財庫在家裡，而只是要藉著水族箱中水的清澈、寧靜特性來彌補陽宅主人命局五行中水氣不足、以水為喜用神之故，至於魚兒僅是水族箱中點綴的角色而已，所以不用去強調要放幾條魚，也不要強調什麼顏色或是什麼種類的魚。這一點也是筆者常要跟客戶「說清楚、講明白」的觀念。

一個人的八字命局如為正格之格局，而四柱干支中木與火的氣勢炎盛，則這個人在現實生活上的表現必是急躁、火氣大，處理事情時比較容易衝動且欠缺深思熟慮的思考模式，在這時候居家裡如果擺設一個象徵著清澈、沉穩、悠遊又有著靜謐之美的水族箱的話，則筆者就會勸客戶可以經常欣賞水族箱，以沉靜本身較為浮躁的心性，甚至於要在做任何一件事情的決定之前，多坐在水族箱前，讓自身的心思處於較為平穩的狀態後，再為任何事情的判斷與決定，如此才不會有經常後悔的事情發生。

相反的，一個人的八字命局如為正格之格局，四柱干支中木與火的氣勢薄弱，金與水的氣勢旺盛，或是生於冬令的月份，命局呈現較寒凍之格局者，則這個人在現實生活上的表現必定是容易鑽牛角尖、心性化不開、生活氣機寒凍而不流暢、活動力不強，此時家裡若再擺設一個水族箱，豈不是更增加其命局寒凍的情勢，更減弱其火氣的力量，更減少此人的活動意願、減弱其生存奮鬥的意志，這時的水族箱反而成為一個「敗局」、「破局」之棋子。

七、玄空學的陽宅觀

玄空學就大自然與陽宅的山、水有其各自不同表徵的象意，同樣的，就陽宅理氣、格局、門路、屋向……等，有形器物之陽宅法則，也有其獨特且精確的論說，筆者今引用現代命學先進鍾義明老師所編著《玄空星象地理學》裡面的論說於後：

1、城鄉取裁不同：鄉村住宅大多為獨屋獨院、空曠，有實山實水，「氣」比較散漫，所以要山、水兼得，山要文秀清麗、水要彎環明淨。至於城市住宅大多比鄰而居，人口集中、馬路寬闊，沒有明顯的實山實水，因此要注重屋形是否端正，以及鄰方、對方之屋的高低凹凸、街道的交叉處與其廣狹、寬窄、直曲、高低、巷道、水溝內外之來去水，大門是在中、在左或旁開；房屋內部的隔間配置、床位、桌位、宅主的命運，入宅與開業的時間等因素。

2、挨星：以門向最為重要，必須將大門開在向星的生旺方。因為「門」猶如人的鼻、口，是納氣的關鍵，操一宅之生殺，決一宅之貧富、貴賤、壽夭。門外若見水放光，其應驗愈速、愈重，比路還重要。

3、屋向、門向：新建的房屋，其屋向和門向同樣重要。欲知一宅興衰，先看門向的挨星，來判斷「六事」之得失，若與事實不符，再從屋向判斷。若屋向已驗，就不必再參考門向；反之，若應驗在門向，也就不必再參考屋向。

4、堂局環境：看陽宅須先看山脈和水路是否合局（城市須看地面的高低與水溝、排水路的流向），然後再看路與周圍的建築，以及鄰家屋脊、牌坊、電線桿、古樹、墳墩、旗竿等物，落在哪一宮，其山向飛星為何，辨其衰旺、卦意，即可論斷吉凶。

5、門旁開：普通陽宅是以大門向所收納的氣來論吉凶，若是大門開在旁邊，則須以旁開的大門向與正屋向挨星，綜合論之。若是外吉內凶，難除瑕疵；內吉外凶，只許小康。

6、屋大門小：房屋的大小和門的大小，其比例須適當。若房屋很大、門卻很小，不吉；或是房屋很小、門卻很大，也不吉。但是屋向和門向的挨星皆旺，屋大門小就沒有妨害。

7、旺氣開門：若是老房屋其旺運已過去、或已行盡（入囚），欲開門來補救時，須從建造之初的元運去挨星，看現在向盤（水盤）的飛星旺氣（當運之星）在哪個方位，從該方開一便門就可引進旺氣。

8、新開旺門：老房屋若已另開旺門，在論斷其吉凶時，可以只論門向，不須再用屋向去挨星；至於打灶、作房，也要用門向來定方位。要注意，這是指旺門大開，原來的大門已堵塞或緊閉不用而言；若只是開便門以通旺氣，則取同元一氣，仍以起造時的屋向來挨星。

9、旺門蔽塞：新開旺門的房子，若是前面有別的房子蔽塞，氣不能直達，從旁邊再開一個低小的便門以通旺氣。小門只算「路氣」，不必作挨星盤。

10、旺門地高：旺門之外，本以有水（如河流、池塘、湖埤）最佳。若是門基高於屋基，即使有旺水也不能吸收；門基高於屋內之明堂（庭院空地）時，也同樣不能吸收旺氣。若門外的道路高於門基，則不算旺氣，反而成了障礙。

11、里衕：凡房子裡面有巷道，若無太陽光照射而顯得陰暗，做為「陰氣」論，逢到流年、飛星的二黑、五黃加臨，家裡就會鬧鬼怪。即使不逢二、五兩星飛臨，也是不吉，會有困難、疾病、災厄之凶應，這是因為二黑為病符、五黃為鬼怪，皆為邪氣與煞氣。

12、**造灶**：古式的灶以火門為重心，火門宜向水盤挨星的一白方，為水火既濟；向三碧、四綠為木生火，皆吉；向八白，為火生土，亦吉；向九紫，則火太旺，稍有缺點；若向六白、七赤，為火剋金，主出逆子、得肺病、高血壓；向二黑為病符，終年疾病；向五黃為瘟疫，主得癌症、皮膚病、中毒、惡疾；灶之挨星以房屋起灶時的元運為主。一般人論灶都用「金光斗臨經」（《八宅明鏡》）的東、西宅配東、西命之方法，那是不可靠的。

現代住宅多用瓦斯爐，沒有火門（因火門、爐口向上），所以只論坐、不論向。瓦斯爐、瓦斯桶和排油煙機的出口，不可以放於生氣方和旺方，在上元宜放於八白、九紫方，在中元宜放於一白、三碧、四綠方，下元宜放於一白、四綠、八白方；至於工廠的鍋爐，安放法亦同。

13、**化糞池**：現代住宅的廁所、浴室多係化糞池設備，會使穢臭之物從退氣方排出，上元宜七赤、八白、九紫方，中元宜一白、三碧方，下元宜四綠、六白之方；各元運忌放於二黑、五黃之方，故此二方若逢流年之二、五飛到、重疊，多主疾病、瘟疫。又挨星的一四、一六、六八、四九同宮之處，不可有廁所，主子弟不讀書、無功名。俗以「龍怕臭」，謂住宅左邊不可建廁所，那是無根據的，除非是左玄龍，龍脈從左方來，否則是不用忌諱的。

14、**隔運添造**：多棟房屋同時建造，固然以正屋為主；如果後來的元運中再增建前、後屋或側屋，而沒有另開大門，仍照當初建造的元運論之；若新增建的房屋另開一門獨自出入，方做兩運挨星來論。如果是在後來的元運增建新屋而更改大門，全宅才可以照後運論之。

15、**分房挨星**：凡在某運起造之屋，至後運分做兩房居住者，仍以起造之運為主，而以兩邊私門為用，並各以所住之局部星氣來推斷其吉凶即可。

16、**數家同居**：若一個大家院內有數家或數十戶同住一起者，其斷法是以各戶的私門為主、諸住戶往來出入之路為用，看路之遠近衰旺，即知其氣之親疏得失。其起運以初建之時為主。

17、**分宅**：一個住宅劃分內室並另立私門者，從私門單獨起挨星盤；但若是全宅通達比鄰者，仍做一家排，不從兩宅斷。

18、**逢囚不囚**：向星入中宮之運為「入囚」，主地運盡。但二、四、六、八進之房屋，因中間有天井、明堂、空氣，可以做水論，這主要是以向星入中卻逢空入水，主囚不住；若一、三、五、七進之屋，中間填實，入中便囚，若向上有水放光亦因不住。

19、**店舖：**以門向為主，其次再看櫃檯、事務桌、財神等物。其中門向吸收衰旺吉凶之氣，攸關事業之虧盈成敗；櫃檯、事務桌、財神掌管人事、員工之和或不和，與生產工作、交易之順與不順。此皆宜安放於生旺之處。

20、**吉凶方高低：**現代住宅之建築，並不是每一棟都是同樣的高度，而是有的樓層高、有的樓層低，周圍鄰屋亦有高低參差不齊，甚至於有的住宅上增設有水塔、鴿籠……等高物。所以住宅之間乃是以山星挨排，於吉方高聳之樓棟，逢流年之飛星來生助，則愈吉；反之，若凶方高聳之樓棟，逢流年之飛星來生助，則愈凶、剋洩反吉。

21、**竹木遮蔽：**陽宅向星之旺方，若有茂密之喬木遮蔽，旺氣被檔，不吉。竹子遮蔽，若疏朗則無妨礙，因竹子能通氣；衰死方有樹木遮蔽，反吉。

22、**一白衰方：**上元二、三運，一白為衰退方，若其方有鄰屋之屋脊、獸頭沖射，主服毒自殺、食物中毒而亡。

23、財丁秀：「財氣」從房屋之向水或旁水，看旺在何方，加太歲流年而斷之。「功名」從向上飛星之一白、四綠方，看周圍峰巒或水流三叉交會、流神屈曲處，加太歲合年命斷之。「丁氣」當從坐下及當運之山星斷之。

24、流年之衰死重臨與旺星到向：若住宅向不當旺，衰死到向是某字，逢流年星又是某字，歲運星併臨，主傷丁。旺星不到向之衰宅，逢流年之旺星到向，亦主轉為發禍（若生氣到向或有城門訣可用者例外，陰宅同斷）。

25、鬼怪：房屋外面的衰死方，若有高山或屋脊，在室內不見者，稱之為「暗探」，若逢屋運衰落，則在陰卦方位（二、四、七、九）主出鬼，陽卦方位（一、三、六、八）主出怪。太歲、月、日、時之飛星加臨即應，主人精神失常、染怪病、藥石罔效；逢枯樹沖射，在屋運衰時亦同。可於當令之旺方開一偏門解救之。

26、路氣：路是吸引「氣」進入房屋的關鍵，「氣」之衰旺隨之吸引；離屋遠者，力小，但也忌斜直沖射；路近房屋，其力較大。內路宜取向上飛星之生旺方，或合「三般卦」者吉；而外路，亦需論一曲之首尾，察三灣之兩頭，看其方位落何星卦。

彎曲之處為「來處」，橫直之處為「止處」。

27、井：井為有源之水，光氣凝聚而上騰，在水裡龍神之生旺方，做文筆論；若落在衰、死、剋、煞之方，主凶禍。

28、塔：塔是挺秀之形，名曰「文筆」，若在飛星之一四、一六之方，當運主科名，失運亦主文秀；若在飛星七、九、二、五之方，主興災作禍，剋煞同斷。現代之高壓電塔，若位處遠方，當以文筆斷之；若位在近方，則以犯沖煞論之。

29、橋樑：現代之橋樑多為鋼鐵、水泥，其力甚大；竹木、便橋，力小；都市中有天橋、陸橋，郊外河川上有過水橋。這些橋樑如位在生旺方，主能受蔭；若處於衰、病、死方，主招殃。

30、田角：要向內兜抱有情，不可向外反背、尖射而無情。

※這一節論述內容屬於較為專業性的堪輿學理，因此讀者如果無法完全理解裡面的意思時，也無所謂。

八、「山、水挨星」組合的吉凶象意

九星的表徵與得局、失局已述說於第177～180頁，而得局與失局吉凶應事的論述，僅是就其山星或水星所在位置的擺設，是否合乎旺氣、生氣與輔氣的形局，以為吉凶禍福的驗斷，這是一大概性、個別性的說法。

事實上九宮格裡每一宮的挨星盤，都是由山星與水星飛調九宮後組合而成，當這兩個星碰撞在一起後，會隨山星與水星組合的不同，看其合局或失局之情形，可以就各宮為更詳細吉凶象意的論斷。

這山星與水星在本質上都是九星的代表，只是因其位於坐山或對向而為山、水星之分別。九星除了各自有其本身的表徵外，也各自有其基本上的代表象意，其代表之象意：一白星為「胎神」、「牙笏文章」；二黑星得用為「天醫星」，亦主文秀，失用為「病符星」；三碧星得用為「諸侯」、「太子」，失用為「蚩尤」、「賊星」；四綠星得用為「文昌之神」，失用為「乞丐」；五黃星得用為「皇極」，失用為「瘟疫」、「五鬼」；六白星為「官星」；七赤星得用為「革命家」、「五術家」，失用為「横死」、「官訟」；八白星為「善蔭星」；

九紫星性烈，得用則催福極速，失用之發禍亦速。

筆者今就山、水二挨星碰撞在同一宮後所產生的吉、凶象意，同樣引述鍾義明老師所編寫《玄空現代住宅學》內的論述以表格方式述說如後：

卦	星	吉象	凶象
坎為水	11	生聰明之子，出思想家、哲學家，文章科甲，名揚四海。	心病、耳痛、血症、溺水、出盜賊，精神分裂、鬥爭、遭遇險惡。
水地比	21	五陰擁一陽，受群眾擁戴；居一人之下、萬人之上，地位崇高、上下一心。	眾叛親離、散亂；水腫病、出血、凶死。「坎流坤位，買臣常遭婦賤之羞」。
水雷屯	31	開創事業、進化，家旺、成長；科甲傳名，添丁進財。	困難、少子嗣、落後，加7，主被蛇咬、雷殛。
水風井	41	「一四同宮，準發科名之顯」；開礦、水利發財；頭髮美麗、文藝揚名。	「四蕩一淫」，出人放蕩、淫佚；犯票據法被通緝，精神失常。
水天需	61	「虛聯奎壁，啟八代之文章」，出大儒教師、思想家、天文家，催官。	腦出血、腦炎、精神錯亂，父子不和、傷寒、懼冷症，犯盜竊刑害。
水澤節	71	貞節守法、掌權；善於理財，出語文、口才優異之人。	江湖花酒、男女多情；食物中毒、吐血、放蕩、墮胎。
水山蹇	81	開鑿油礦、水利工程發富；堅忍成功。	困難艱危、兄弟不和，腰痛、結石、鼻炎、手傷、入獄、幼童溺水。
水火既濟	91	「中爻得配，水火交方」，「坎離水火中天過，龍墀移帝座」；中正和平。	夫妻不和、官災、火災，夢寐牽情。
地水師	12	當今主生子，出統帥、教師及各行業之領導者。	「腹多水而膨脹」，主糖尿病；「中男絕滅不還鄉」，主田園流失。

卦	數	吉	凶
坤為地	22	「巨入艮坤，田連阡陌」；出名醫，旺人丁、出武貴、寡婦興家。	釀疾堪傷、小兒憔悴、皮膚病，妻奪夫權，貪鄙、腹疾、難產、惡瘡。
地雷復	32	改過向善，修道有成。	「復，壁堪其身」，被重物擊傷，因貪受害。
地風升	42	改進、昇華。	虎噬家人、婆媳不和，中圈套、陷阱。
地天泰	62	「二黑飛乾，逢八白而財源大進，遇九紫而螽斯蟄蟄」，財丁兩旺。	寒熱往來、吝心不足、鬼神相剋；禿頭症、出僧尼、散財勞苦。
地澤臨	72	橫財、鉅富，多生女；出監委、督察、法官、醫師。	「臨云泄痢」；二黑為腹、七赤為口，失運主腸病、墮胎。
地山謙	82	「巨入艮坤，田連阡陌」；出謙厚之君子，因房地產致富。	「艮坤通偶爾之情」，主母通童僕；「丑未換局而出僧尼」，主自大。
地火明夷	92	旺丁，亦出秀才、賢人、名畫家。	目盲、眼翳，出蠢丁；不明事理、迷信、自甘墮落。
雷水解	13	出篆刻家、雕刻家；遇難獲救，調解人、法官。	分離、阻礙、受傷，長子遊蕩。
雷地豫	23	得財，青趺闐闐、出名，生活快樂，出舞蹈家。	「雷出地而相沖，定遭桎梏」、「豫擬食停」、「鬥牛煞起惹官司」、剋主母。
震為雷	33	財祿豐盈，興家創業、選舉成名，長房大旺；地美，出兩位縣長。	筋病、喪子；「見祿存，瘟疫必發」，主瘋魔、哮喘、殘疾、刑妻、官訟。
雷風恒	43	「雙木成林，雷風相薄」，富貴雙全「貴比王謝，總緣喬木扶桑」。	「同來震巽，昧事無常」，迷於聲色；「震巽失宮，而生賊丐」。
雷天大壯	63	身高體健，中年有成；出建築師，得長上提攜而成功。	「足以金而蹣跚」，腿傷、被利器殺傷、官司刑獄、困境。

雷澤歸妹	73	「三碧臨庚，逢一白而丁口頻添，交二黑而青蚨闐闐」，添丁進財。	「三七疊至，被劫盜更見官災」；剛毅生災、家室分離、鬼神入室。
雷山小過	83	出聰明之子；有山無水，出文才、多子孫，能權衡通變。	「震配艮，有斗粟尺布之譏」，主同室操戈、手足不和、絕嗣。
雷火豐	93	「木見火而生聰明奇士」，水星三、山星九，「震陽生火，雷奮而火光明」。	加7，主「赤連碧紫，聰明亦刻薄之萌」；肥胖症，盛極而衰、犯法遭刑。
風水渙	14	四一同宮，準發科舉之名；出文人、詩詞家、航海家。	淫蕩；有山無水，主妾生之子、出浪子、離散、衝突。
風地觀	24	出名記者、民俗專家、天文學家、詩人、監委、督察。	「風行地而硬直難當，室有欺姑之婦」、「風行地上，決定傷脾」，剋主母。
風雷益	34	「雙木成林，雷風相薄」，富貴雙全；有山發貴，生佳兒。	「同來震巽，昧事無常」，迷於聲色；「震巽失宮，而生賊丐」。
巽為風	44	文章名世、科甲聯芳；出女子容貌端妍，聯姻貴族。	「風鬱而氣機不利」，喪妻；「一遇文曲，蕩子無歸」；氣喘。
風天小畜	64	名利雙收，升遷、競賽得獎、證券發財。	「巽宮水路纏乾，主有懸樑之厄」、「小畜差徭勞碌」，股票套牢。
風澤中孚	74	出聰明、溫文秀麗之人；文人掌權，誠信。	閨幃不睦；「文昌被剋而出孤」，主損聰明之子。
風山漸	84	積善之家，出祕書；農林致富、畜牧業發富。	「山地被風吹，還生風疾」，兄弟不和、風濕病、神經痛、叔嫂通姦。
風火家人	94	「木見火而生聰明奇士」，賢婦興家，最高榮譽；出才女、詩人。	「巽風就離，風散則火易熄」，患血症、受貶謫、出盜賊；凶死、淫亂。
天水訟	16	「車驅北闕，時聞單紹頻來」，發科甲；出法官、律師、顧問、資政。	打官司、爭財產、腦出血、女人當家、大權旁落、出亂臣。

天地否	26	「堅金遇土，富並陶朱」，主家業興隆、人丁旺盛；有水無山，發財。	寒熱往來、吝心不足、鬼神相剋；出僧尼，夢寐牽情，初吉、後敗。
天雷無妄	36	有水發財，至誠、威武不曲；出官員、烈士。	「雷風金伐，定被刀傷」；「頭響兮六三」、「壯途躓足」，父不父、子不子。
天風姤	46	六四合十，名利雙收；有奇峰秀水相配，出文武全才。	鼓盆煞，主喪妻；「木見戌朝，莊生難免鼓盆之嘆」；紅杏出牆、自縊、勒死。
乾為天	66	威權震世、武職勳貴、鉅富多丁；有山有水掌大權，長上提拔。	官司、是非；長子癡迷、刑妻、孤獨、寡母守家；肺病、勞資糾紛。
天澤履	76	「武曲峰當庚兌，執掌兵權」；有山有水掌重權；出律師、法官。	「交劍煞興多劫掠」；多生女、男則庶出；「老夫少婦見喪亡」。
天山遯	86	「武科發跡、韜略榮身」、「六遇艮星，尊榮不次」、「堅金遇土，堆金積玉」。	「艮配純陽，鰥夫豈有生發之機」，主無嗣，默默無聞、孤獨。
天火同人	96	「衣紫腰金」，水秀應之；文章冠世，榮華富貴。	長房敗血症；「同人車馬馳驅」，行人遠離、老夫少妻、鬼神入室、目盲。
澤水困	17	出人溫柔秀麗，出水利專家、雕刻家，魚獵致富。	「雞交鼠而傾瀉，必犯徙流」、「金水多情、貪花戀酒」，主好酒色、墮胎。
澤地萃	27	添丁、進財。出醫生、武貴、傑出人才。	「坤配兌女，庶妾難投寡母之歡」，主墮胎、流產、吐血、少婦寡居。
澤雷隨	37	得財。「震庚會局，文臣兼武將之權」；出文武全才之人。	「兌位明堂破震，定生吐血之災」；「雷風金伐，定被刀傷」；剛毅生災。
澤風大過	47	出人秀麗溫柔，新聞業發財 ；出文人、詩人。	「破軍居巽位，癲疾瘋狂」；閨幃不睦，傷長婦、長女，氣喘、股病。
澤天夬	67	武貴，出律師、法官、教授、代書、雕刻家。	「交劍煞興多劫掠」；老夫少妻、露水鴛鴦；周轉困難、腎病。

兌為澤	77	發財旺丁、武途仕官、小房發福；出才女、名伶。	「兌缺陷而唇亡齒寒」，喪妻；「逢破軍而身體多虧」，主橫死、火災、染疾。
澤山咸	87	「胃入斗牛，積千箱之玉帛」；婚姻幸福，出俊男、美女、忠良之人。	童男、童女發育不良，手指受傷，少男、少女放蕩。
澤火革	97	發明、改革、進步；推翻暴政；冤獄得平反，結婚。	「七九合轍，常遭回祿之災」；加五，「青樓染疾，只因七弼同黃。」好色、性病。
山水蒙	18	出人頭地，畜牧漁業致富，出教育家、法官、博物家。	「中男滅絕不還鄉」，一白水為胎神、為中男，被八白土剋，主添丁而不育。
山地剝	28	「天市合丙坤，富堪敵國」，房地產致富，去舊換新。	童僕偷香；「丑未換局而出僧尼」，艮為少男、坤為老母，失運應之。
山雷頤	38	生聰明之子、科甲聯登；多生男，出長壽之人、孝子。	艮為土、震為木，木受土剋，損聰明之子、破財。
山風蠱	48	男人、女人各有成功的事業；出忠良之人，因紡織品獲利。	「山風值而泉石膏肓」，八艮為止、四巽為伏，出山林癖之人；小口殞生。
山天大畜	68	文士參軍，異途擢用；出銀行家、道德家、孝子，忠孝傳家。	「艮配純陽，鰥夫豈有生發之機」，主無嗣，乾為少陽、艮為老陽。
山澤損	78	人才興盛，少男配少女，雌雄正配，世產賢良，少年早發，謙虛。	年輕夫婦不和，童男、童女發育不良；虧損、損人利己。
艮為山	88	孝義忠良、富貴綿遠、小房福洪；出高僧、聖賢仙佛。	「艮傷殘而筋骨臂折」；鼻病、喪子、小口損傷、瘟疫廣佈。
山火賁	98	「輔臨丁丙，位列朝班」；「八逢紫曜，婚喜重來」；「天市合丙坤，富堪敵國」。	沉迷物慾，房屋被火焚毀、手指灼傷、精神失常。
火水未濟	19	「離壬會子癸，喜產多男」；「南離北坎，位極中央」，至尊至貴。	牝雞司晨、夫婦不和，河東獅吼、外和內亂。

火地晉	29	進展、旺丁、升遷，出地理師。	「火見土而生愚鈍頑夫」；火災、出寡婦。
火雷噬嗑	39	財丁並茂，兼主科名；出大法官、感化人者。	生聰明刻薄之人，牢獄之災、被動物咬傷。
火風鼎	49	財丁並茂、木火通明，並主科名；安定、統一；文人出名。	各自為政、火災、女人不和、紅杏出牆；久後陰盛陽衰，女人喧鬧、當家。
火天大有	69	「丁丙朝乾，貴客有耄耋之壽」，指尊榮長壽之意；博學多聞。	「火燒天而張牙相鬥，家生罵父之兒」；肺病、吐血，傷老翁、妻害老夫。
火澤睽	79	享齊人之樂，妯娌和好、財大勢雄，出美女。	「午酉逢而江湖花酒」，傷風敗俗、放蕩花酒、好色癆瘵；女災、夫妻反目。
火山旅	89	財丁並茂，兼主科名、經商發財；出外交官、登山家、教育家。	「火見土而生愚鈍頑夫」；難產、火山爆發、山難。
離為火	99	出神佛仙聖，因烹飪、冶金、燒窯、化妝品、服飾業致富。	「離位摧殘而目瞎」、「火暗而神智難清」，主心病、喪妻、自焚、火災。

九星與五黃相配：五黃乃皇極，其他八星與之相會，有變化、衰減、加強、消失之現象，當其生旺，必驟發、旺人丁。五運值之，往往有大人物出世，餘運則隨星運的改變而起生發之象。

星	吉象	凶象
51 15	出文魁、榜首、思想家；多生聰明智慧之男子。	陰部生瘍、腎結石、水腫、不孕症、子宮外孕、流產、精神失常。
52 25	旺人丁、發田產；出法官、武貴，掌生殺大權。	「二五交加，罹死亡並生疾病」；五二出鰥夫、二五出寡婦；患癌症，到處碰壁。
53 35	財祿豐盛、興家立業、驟發富貴，官高。	寒戶遭瘟、瘋魔之病、蛇咬、車禍、胃出血、膽結石，賭博傾家。
54 45	文章名世、科甲聯芳。出文豪、詩人、女強人。	乳癰、瘋魔之病、膿血之災，走私、犯法、倒閉、破產；肝癌、股票或賭博破家。
5 5	大富大貴、多子多孫，出大人物、帝王領袖。	天災巨變、橫禍、惡疾、死亡；季子昏迷、癡呆，孟、仲官訟淫亂，喪五人。
56 65	官居極品、威權震世、武職動貴、鉅富多丁。	肺癌，意氣用事失敗；腦瘤、癡呆、骨癌、腦炎，官司訟獄。
57 75	武途仕官、發財旺丁；出外科醫生、律師、外交家。	喉症、口腔癌；吸毒、服毒，焦急而失敗；腸癌、肺癌、橫死。
58 85	出大忠大孝之人，富貴綿遠，出仙聖。	瘟疫、坐骨神經；輕佻失敗、迷惑；胃癌、鼻癌。
59 95	富貴文章、旺人丁，出神仙、聖佛；又九五乃「至尊之象」，出大貴人。	紫黃毒藥，加七主服毒；吐血、火災、官訟、瘋癲、目疾、血癌。

右述表格內兩挨星組合又稱為「挨星卦氣」，讀者可就此九星碰撞後，卦氣因合局或失局而產生的吉凶象意，來為吉凶禍福之驗斷，其準確性可真是令人折服。

九、玄空學的陽宅內六事觀

1、門戶：

先賢名著《宅法舉隅》說：「大門為宅之氣口，如人之有口以便呼吸吐呐。」由於大門是陽宅出入的門戶、吞吐的氣口，一棟陽宅的納氣、出煞全在於大門之處，因此大門可以說是陽宅的最重要部位，要開在「水盤」（向盤）挨星的生氣方、旺氣方，忌諱開在「水盤」挨星的衰、退、死、煞方，也忌諱開在「山盤」挨星的地方。至於民間有「門要開在左邊、龍邊，忌開在右邊、虎邊」的說法，那是江湖術士、無稽之談的論述，不足採信。

◎例一、丑山未向、下卦、下元七運：

未向

9 5 巽 六	5 9 離 二	7 7 坤 四
8 6 震 五	1 4 中 七	3 2 兌 九
4 1 艮 一	6 8 坎 三	2 3 乾 八

丑山

◎左邊為「山盤」挨星、右邊為「水盤」（向盤）挨星。

◎本例之格局，山、水盤當運，7運之挨星都飛調到向首之處，這是一個「雙星會向」的格局（註一）。

◎此時大門宜開在正前方（坤宮、未向）處，為吉象的格局，山、水挨星為7、7，對照前述之兩星碰撞吉凶象意表，得知為「發財旺丁、武途仕宦、小房發福；出才女、名伶」。

◎後門可開在正後方（艮宮、丑山）處，為吉象的格局，「水盤」挨星為「1」、為七運的輔佐之氣，山、水挨星則為4、1，對照前述之兩星碰撞吉凶象意表，得知為「1、4同宮，準發科名之顯」，出文人、詩詞家、航海家。

◎註一：

1、雙星會向：山、水盤當旺之挨星同時飛調到向首之處，例如丑山未向、下卦、下元七運，山、水盤挨星7、7同時飛調到坤宮；或是子山午向、下卦、下元八運，山、水盤挨星8、8同時飛調到離宮等即是。

2、雙星會坐：山、水盤當旺之挨星同時飛調到坐山之處，例如甲山庚向、下卦、上元一運，山、水盤挨星1、1同時飛調到震宮；或是壬山丙向、下卦、下元八運，山、水盤挨星8、8同時飛調到坎宮等即是。

3、旺山旺向：山盤當旺之挨星飛調到坐山、水盤當旺之挨星飛調到向首即是。例如巽山乾向、下卦、上元二運，山盤挨星「2」飛調到巽宮、水盤挨星「2」同時飛調到乾宮即是。

4、上山下水：山盤當旺之挨星飛調到向首、水盤當旺之挨星飛調到坐山即是。例如酉山卯向、下卦、中元五運，山盤挨星「6」飛調到震宮、水盤挨星「6」同時飛調到兌宮即是。

2、臥房：

臥房是我們忙碌一天之後的最後休息地、是精神最放鬆的地方，也是養精蓄銳以儲備明日工作活源的地方。

一個人一天中平約有三分之一的時間都花在臥房之內，也可以說臥房是我們一生中時間使用最多的地方，它不只是養精蓄銳之處，其中主臥房更是已婚夫婦用以增進夫妻情感、傳宗接代的地方。先賢蔣大鴻在其所著的《天元五歌》說：「論屋神祠理最嚴，古人營室廟為先；夫婦房內尤特重，陰陽配合宅根源。」這是先賢就居宅上注重光宗耀祖、傳宗接代的明例。

主臥房既為養精蓄銳與傳宗接代的重要地方，則它在規劃配置上必定要以具有寧靜、隱密性、通風性佳、穩重等的特性為考量重點，在挨星盤上要配置在「山盤」挨星的旺氣方、生氣方處。

3、書房與小孩房：

以目前的家庭生活而言，小孩房也都有兼具書房的作用，至於書房與小孩房的功能，除了休息與養精蓄銳之外，更要強調的是讀書與功名的求取。先賢名著《宅法舉隅》說：「凡做書室，宜取宅之1白、4綠方。」又說「1白為官星、4綠為文昌，仕路重一白、科名重四綠，二者關會為妙。」《紫白訣》說：「蓋4綠為文昌之神，天輔太一；1白為官星之應，牙笏文章。還宮復位固佳，交互疊逢亦美。」

「1白星」代表著智力、思考、牙笏文章、創造力的象徵，在上元運為主運星、在中元與下元運則為輔佐運星之用；4綠星為文昌之神。因此書房或小孩房如果能夠善用「1

白星」與「4綠星」催助之力者，必能收催助功名的效果，其中以14、41的「山、水盤」挨星組合為最佳。

事實上以目前的社會環境而言，前途的發展已不再侷限於科舉、功名方面，而是廣泛且多方面的發展，因此「山、水盤」挨星的組合也可以廣泛的使用，如14、41、16、61、27、72、38、83、39、93、49、94、68、86等，都是吉利的方位。

房間內的櫥櫃、書櫃、化妝台、床位同樣以安置在「山盤」挨星的生、旺、輔佐之方。有關房間內「山、水盤」挨星的生、旺、輔佐方的判定，乃是將房間再視為一個小陽宅、小太極，並將飛調陽宅本身所得的九宮山水挨星盤縮放到該房間上，就可以判定出房間內「山、水盤」挨星的生、旺、輔左方之處。

客房、老人房及傭人房因在陽宅上所處的地位就不是那麼重要，因此以位在「山盤」挨星的輔佐方為宜。

4、客廳：

客廳是一家人在忙碌一天之後、就寢之前，共聚一處用以休閒、談天、彼此當天生活上的心得交換、或是觀看娛樂節目的地方。這是一處一家人能夠以很輕鬆的心情團聚在一起的地方，所以它的規劃設計應以活潑開朗、視覺流暢、光線明亮、寬敞舒適為重點，此時配置上應以「水盤」（向盤）挨星的旺氣、生氣或輔佐方為最佳方位，且客廳所在方位的山、水挨星如果又是山盤挨星生助水盤挨星的情形者（例如山盤挨星為「7兌金」、水盤挨星為「1白水」，此時為金生水之情形即是），或是山盤、水盤與運盤的挨星、運星呈現順生之情形者（例如運盤之運星為「五黃土」、山盤挨星為「7兌金」、水盤挨星為「1白水」，此時為土生金、金生水之情形即是），即為最佳的場所。

5、廚房與餐廳：

在現代建築設計中，都已將廚房、餐廳規劃在一起，它們的功用明顯可知是用來烹飪與填飽肚子、祭五臟腑的地方，所以著重的就是要乾淨與清爽；此外，由於廚房有火口的存在、以瓦斯爐（火口）為烹飪工具，因此更要注重通風的設計。

廚房與餐廳在陽宅上同樣屬於次要之地位，因此就挨星盤的位置而言，原則上是以「山盤」挨星輔佐方為主，但因為它又有水龍頭、出水處的存在，所以如果又能兼顧到「水盤」挨星輔佐方的話，就更為完美。在上元與下元運都取「8白」方，中元運可併取「1白」或「8白」方，這是最穩當的方位。亦或是一運取「1白」、「3碧」方，二運取「3碧」、「4綠」方，三運取「3碧」、「4綠」方，四運取「1白」、「4綠」方，五運取「1白」、「8白」方，六運取「1白」、「8白」方，七運取「1白」、「8白」方，八運取「8白」、「9紫」、「1白」方，九運取「八白」、「9紫」、「1白」方。

瓦斯爐（火口）如果單以「山盤」挨星來論其所在位置，上元運以「3碧」與「4綠」為最佳，其中在一運時也可用「1白方」，二運時則可用「2黑」方；中元及下元運均以「1白」與「八白」方為最佳，其中八運時也可採用「9紫」方。

瓦斯爐（火口）若是以「山、水盤」挨星並論時，則可取14、41方（四一同宮，準發科舉之名；出文人、詩詞家、航海家），或是89、98方（「輔臨丁丙，位列朝班」；「八逢紫曜，婚喜重來」；「天市合丙坤，富堪敵國」），亦或是16、61方（「車驅北闕，時聞單紹頻來」，發科甲；出法官、律師、顧問、資政）。

其次要注意的是，廚房因瓦斯爐（火口）以火為燃源，所以在本質上為「火」的屬性，因此在挨星盤的方位上，絕對不要置放在「6白金」與「7兌金」的地方，以免產生火剋金的負面效果。同理，在象徵疾病和火災的25、52、79、97，以及含有凶意的27、72、57、75等也盡量要避免。

6、神明廳：

神明廳以目前的社會環境而言，除了指一般家庭供奉神明與祭拜祖先的廳堂、屋室之外，也兼指公司、廠房、商店等營業場所供奉神明的地方。一般而言，神位的安置處所不要緊臨浴廁、不要在屋樑之下、前面不要有尖銳或是沖射之物、不要在出入門的旁邊、後面要有厚實的水泥牆壁、家庭則以安置在寧靜的屋室。

在玄空學的挨星盤上，神明廳以在「山盤」挨星生、旺方為主，其中一運宜取「1白」、「3碧」方，二運取「3碧」、「4綠」方，三運取「3碧」、「4綠」方，四運取「4綠」

方，五運取「6白」方，六運取「1白」、「6白」、「7赤」、「8白」方，七運取「7赤」、「8白」、「9紫」方，八運取「8白」、「9紫」、「1白」方，九運取「9紫」、「1白」方。

若為山、水挨星的組合，則一運取14、16、19，二運取26、27、28，三運取34、37、38，四運取41、46、49，五運取56，六運取61、62、63，七運取72、73、78，八運取82、83、89，九運取91、94、98等的組合為最佳。

7、水口：

水口在公司或家庭之屋宅內，指的是飲水機、水龍頭、水族箱；在廠房則以蓄水池、水塔、水龍頭、水井、排水口等為主。在玄空學上，水口以在「水盤」挨星的生、旺方為主，又水口所在之處「山、水挨星」的組合如為14、41、16、61，且又值當旺之運的話，則可以當作「文筆」來看，必主宅內之人連連「科舉聯芳、金榜題名、升官發財」。

8、浴廁：

就筆者所知，目前絕大多數的客戶，甚至於大多數的專業堪輿地師，都將浴廁視為髒臭、不乾淨的地方，並且都忌諱將其設計、安置在屋宅或營業場所的中央處，而要將其安置在角落或是最不顯眼的地方。

對於這種似是而非的觀念與說法，筆者並不贊同而且也認為是食古不化與無稽之談。這是由於現今的建築物都已是化糞池的構造，而且化糞池都設置在該棟建物的地底下，屋宅內的浴廁只不過是我們將體內排泄物排掉的地方而已，跟以前農村社會「茅坑」時代為又髒又臭的排泄處所，已是相差十萬八千里且不可同日而語。

以筆者堪輿實務經驗，有不少居家或營業場所的廁所都是設在角落處，而該方位的「山、水挨星」均為生氣7或旺氣8，只是廁所同樣都很髒臭、不注重清潔，經筆者以玄空學之法為吉凶禍福之驗斷，常讓客戶折服而覺得很不可思議。

現今的高樓大廈、公寓住宅、透天樓房等都已將浴廁蓋在屋宅之內，且為了配合整個建築規劃與格局設計的需要，要將浴廁完全蓋在屋宅的角落偏僻處，已是不可能之事，甚至於主臥房內之浴廁位在屋宅的中央處，可說是比比皆是；要不就是將浴廁蓋在屋宅一邊的中央處，譬如筆者的居宅就是這種情形，而筆者居住至今也已將近二十多年，居家大小都平安無事，且筆者的兒子年年都當選模範生的代表，課業成績也都是在前三名之內、以一、二名居多，這是因為筆者小孩房（兼書房之用）位在「山水挨星盤」上非常好的位置，再配合其本身八字命局之結果，而有令師長及家人滿意的表現。

筆者在此要強調的是，浴廁只要將它保持乾淨、清爽、沒有便臭味即可，不要再有哪些浴廁馬桶之沖水會將人的磁場、靈氣沖洗掉，或是不要置於屋宅的中央處等食古不化的觀念。

就玄空學上而言，浴廁要將它置於「水盤」挨星的死、退方，在上元運要置於7赤、8白、9紫方，中元運要置於1白、3碧方，下元運要置於4綠、6白方；此外，不管在任何一個元運，浴廁都不要置放在2黑、5黃方，及山、水挨星組合的14、16、49、68等方。

9、樓梯：

居宅內有樓梯的設計應該是只有別墅或是透天住宅而已，樓梯不管它的形狀是為階梯轉角式、旋轉梯式或是直梯式，都以在「水盤」挨星的生、旺、輔佐方為宜。一般而言，樓梯不要設於臥房內或樓梯之轉角不要沖射臥房，以免有損人口、出寡婦、墮胎之災。

10、範例：

巽山乾向、下元七運、下卦、週天136度。

◎右灰色字體為水盤當運挨星。

◎左粗體字為山盤當運挨星。

巽山

5 7 巽 六	**1** 3 離 二	3 5 坤 四
4 6 震 五	6 8 中 七	**8** 1 兌 九
9 2 艮 一	2 4 坎 三	**7** 9 乾 八

乾向

這是一棟客廳挑高、有樓中樓的大廈住宅(如左圖)，筆者僅就主樓部分為範例之敘述。(同樣是山盤挨星位於左邊、水盤挨星位於右邊；在九宮格中，以粗體字代表山盤挨星、灰色字代表水盤挨星。)

大門出入處與樓梯均位於兌宮，山、水挨星為81、為得令之局，此外在玄空學中，山、水挨星當生、旺氣令星所在之處就是「財庫位」，此時8為山盤生氣令星，因此筆者建議屋主在樓梯方置放一個金庫。

餐廳在乾宮處佔大部分，此處山、水挨星為79、為得令形局，筆者將代表「山」之形局的電冰箱置放於此處，此外餐桌在不影響整個室內動線之下，盡量往左邊移動。廚房與餐廳部分位於坎宮，挨星為24、為失令之局、4為木、為長女，2為土、為老母，木剋土為「風行地而硬直難當，室有欺姑之婦」、婆媳不和，幸好這是一個小家庭，不與長輩同住，筆者建議女主人盡量將廚房收拾乾淨、清爽。

浴廁位在艮宮，挨星為92、運星為「一白水」為失令形局，為火炎土燥、土剋水，為目盲、眼翳，出蠢丁，由於宅主夫妻之小孩也都已就讀小學，因此無出蠢丁之虞，除非他們日後想再生小孩，但以他們的年齡（約四十歲）及目前有兩個小孩的家庭環境而言，應該是沒有再生育的計畫；就浴廁方位，筆者除了建議宅主要保持乾淨、沒有大小便的臭味外，並吊放一串「銅鈴」（註一），以為化解「二黑、病符」之煞。

主臥房位在艮、震、巽三個宮位，其中大部分的地方位在震宮之處，挨星為46、為失令形局，因此以不好的格局論之，失局之凶應為「木見戌朝，莊生難免鼓盆之嘆」，基此之故，筆者將主臥房的床位安置於靠近浴廁牆處，並且床頭位於艮宮處以取得山盤挨星9紫火、輔氣令星，以9紫火引化4綠木、並且剋制6

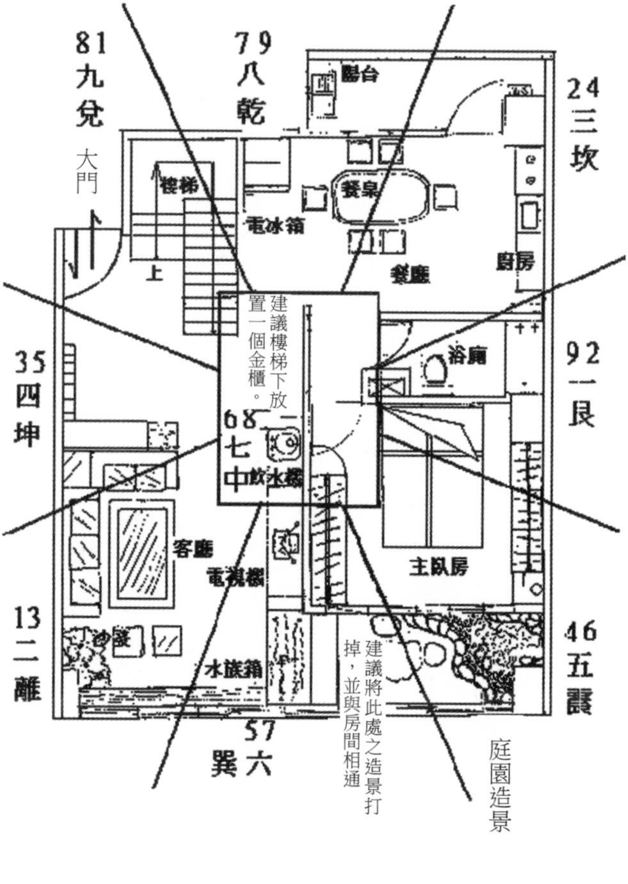

白金之凶應，這也是一種配合五行生剋制化原理的運用方法。

客廳分布在巽、離兩宮，其中巽宮處挨星為57、為得令形局，其中「7」為當令之旺星、為「水」的財庫位所在之處，而宅主夫妻的八字命局又以「金、水」之五行為喜用神，筆者即以巽宮為客廳處強調的重點，並建議屋主在客廳與主臥房陽台之隔牆處安置一個大型的水族箱，以取得「武途仕宦、發財旺丁；出外科醫生、律師、外交家」之吉應。

中宮處的挨星為68，該處正好位於出入客廳與廚房的通道處，所以為得令之形局、為「文士參軍，異途擢用；出銀行家、道德家、孝子，忠孝傳家」，此處與巽宮都為水盤之「財庫位」，所以除了要保持動線流暢與清爽、明亮外，並在低矮電視櫃之右邊置放一個飲水機，以兼收無形財庫旺位及有形飲水實用性等兩個功用。

坤宮之挨星為35，這是失令的組合，而這個地方在整棟房子裡的功能而言，似乎僅是大門進來之延伸而已，並無其他的用處，而這也是一個失令挨星很恰當的飛調處，這個地方就不要再有任何的裝潢或是東西擺放得很凌亂，可以放一個低矮的鞋櫃或是設計一片有圖案的噴沙玻璃，以做為客廳的隔屏，兼收美觀與實用之途，只是這個玻璃隔屏不能太長，以免阻礙到進入屋內時可以馬上看到水族箱的悠閒、靜逸之美。

以上是這棟房子所做陽宅堪輿的實例論述。讀者或許會發現與存疑的說並不是每一棟房子裡面的格局設計都能如所願的安置在山、水盤挨星的得令或失令方，那陽宅堪輿的用意又為何呢？這應也是普遍存在於社會大眾心裡的一個疑問。

事實上現今的建築方式與古時候是完全不一樣，現今的建築物幾乎都是由建設公司以整批建蓋方式建築而成，建設公司不可能就建築物為逐棟逐棟配合陽宅堪輿的形局、方位來搭建，若是這樣的話，根本就不可能建蓋一整批的房子。因此我們今天為陽宅之堪輿，並不是在找一棟完全無缺點的陽宅，而是在從陽宅堪輿中，將陽宅的優勢處予以加強、缺失處給予改造與彌補，這也是筆者常跟客戶談論「陽宅改造」之意義，且也是這本書名的緣由。

◎註一：「銅鈴」乃是玄空學上制化「二黑土、病符」煞星的一種方法。這是因為銅為金屬之材質，而五行中土會生金、金為土之子，因此當「銅鈴」聲響時，猶如子女在呼喚母親，此時二黑土慈母聽聞銅鈴子女之呼喚時，就會即刻提赴子女處並顯現其慈母護子的光輝天性，而不再為非作歹、與人挑釁，其結果當然就不再有禍害的發生。

第六章 玄空學之演練

至此為止，一般讀者對玄空學就陽宅堪輿方面的論述，應該已有相當的認識，接下來就是要告訴讀者如何使用第156～160頁上指南針、分度器及二十四山向圖等的工具來將自家陽宅做堪輿之改造。在讀者繼續閱讀本書之前，如果您的堪輿工具尚未準備妥當，則請您先準備好之後，再來閱讀本章；如已準備好的話，就請您用心與仔細的閱讀本章之內容，筆者同樣會以深入淺出、淺顯易懂及圖文並茂的方式來論述，並願您能有很大的收穫。

一、指南針（或是羅盤）之堪輿置放處——大門

在未進行實際堪輿之前，讀者首先要做的就是先依實際尺寸繪製一張「陽宅室內圖」，至於比例要縮小為多少，則依堪輿者、屋主自己來決定；如果已有建設公司事先繪製好的室內圖，那是最好不過了，不用再花時間去繪圖。

由於玄空學就堪輿的要求甚為精密，因此當圖繪製好之後，必須再將室內各部分的實際尺寸添寫上去，以祈求不要有任何的偏差。

其次再將陽宅的四個牆面各自平分為三部分，並依此求出陽宅的中宮，這是下一步要

劃分九宮格非常重要的一個步驟。〈如左圖一〉

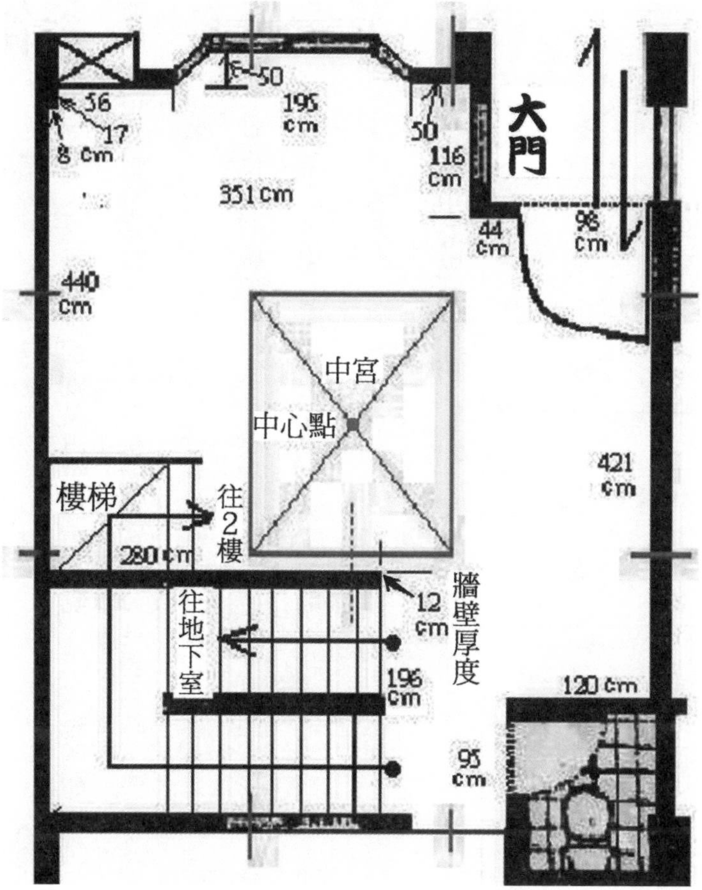

◎　將四面牆壁平分為三部分，以求出中宮處。

◎　以中心點為頂端，順著中心點垂直畫一虛線。

◎圖一：

中宮求出之後，下一個步驟就是再求出中心點，求法說明如後例。此時以中心點為頂端，並順著中心點垂直畫一虛線，這是做為置放分度器圖時，已事先測出周天度數的基準線。

至於中心點位置的確認則是：如果欲堪輿的宅、地是四方形者，當然是以四個角拉出兩條對角線的交接處為中心點；但如果是為不規則形狀的宅、地時，即須以幾何學的數學推算法來求出其中心點。

◎堪輿宅、地中心點的求法：

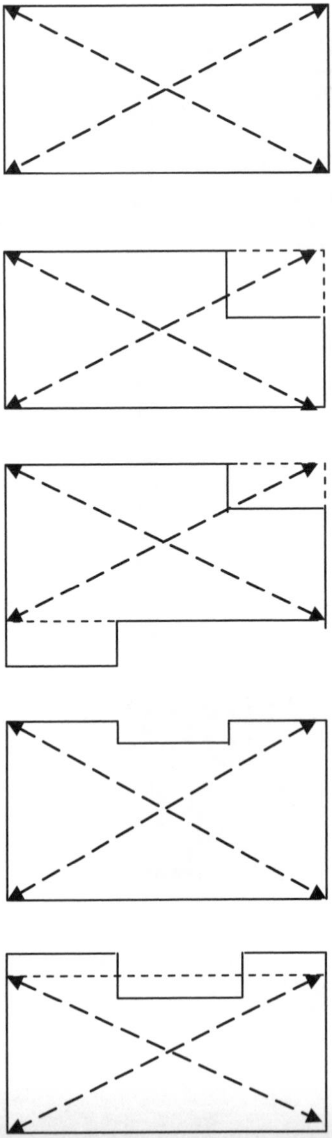

◎圖二：

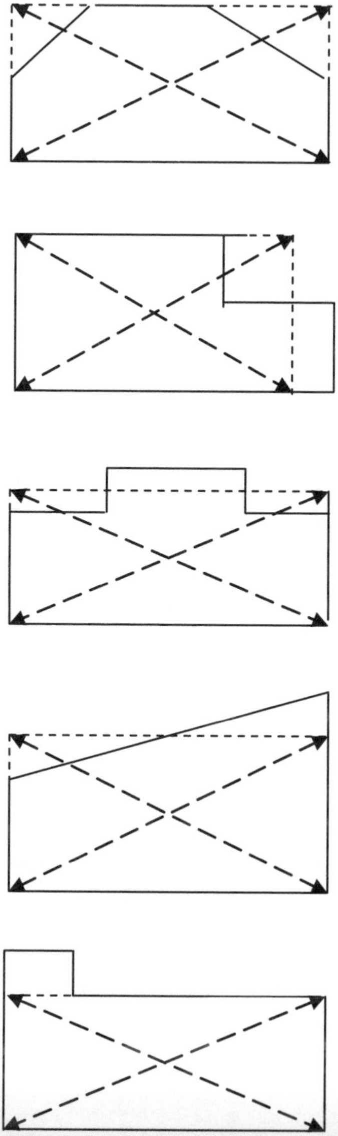

由於「門」為氣場的出入口、「中心點」，為九宮飛調的根基處，所以玄空學就陽宅之堪輿，乃是以進出圍牆、屋宅大門或是陽台進入屋內大門的落地門處，為堪輿「山、向」時指南針的下盤處；將門關起來，堪輿者站在門內中心處並將指南針緊貼於大門處、高度約在140公分高處，由於針盤上的指針很會晃動，因此最好將指南針置放在一個方形櫃子上，並將櫃子與指南針緊貼在大門中心處，堪輿者站在櫃子的正後方，待指針停止晃動後，由內往外測量，看針盤上「在測量者正前方處」的圓周（即周天）度數是幾度。

※注意：將大門關上，並將櫥櫃與指南針置放於大門之後，此時堪輿者再站於櫥櫃之後方，以觀看「靠近堪輿者正前方處」（座山處）針盤上之周天度數為幾度，做為「下卦」或「替卦」飛調九宮之依據。為求視覺效果，筆者特地將指南針放大。

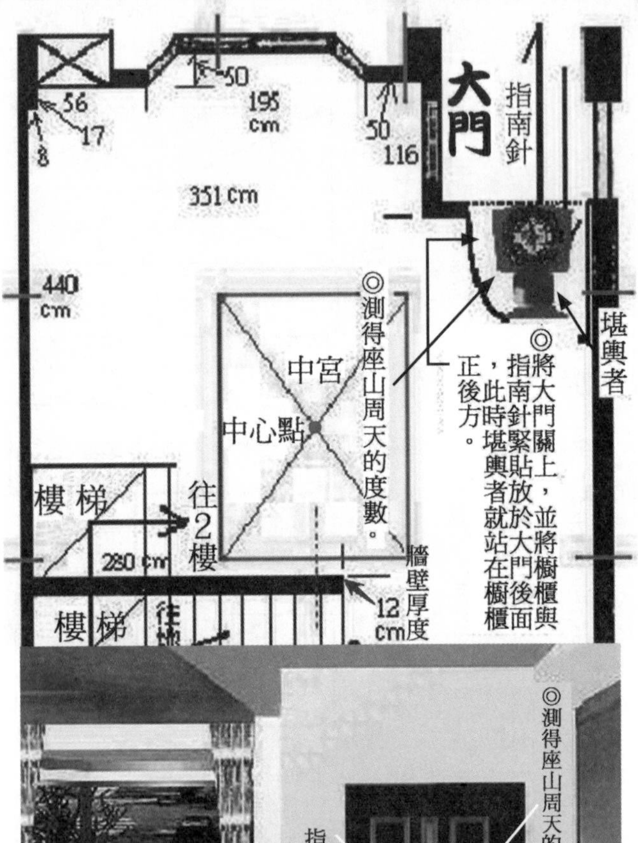

不是指針上指的度數），再對照第166、167頁上的周天度數表，以確定為「下卦」或是「替卦」。

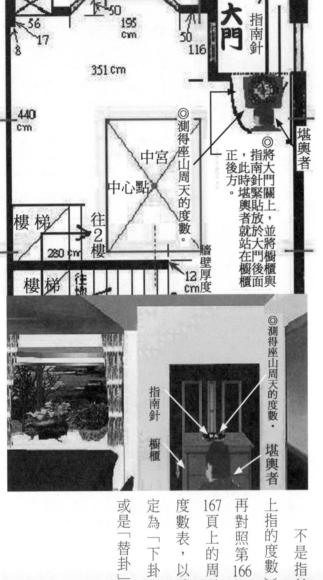

二、飛調九宮格

當圓周（周天）度數求出而確定為「下卦」或是「替卦」之後，並依此而求出九宮山、水挨星盤（一般讀者可參照第195頁起所附的九宮九運表），例如上例圖一、二所求得的為：癸山丁向、下元七運、周天11度、下卦。

◎癸山丁向、下元七運、下卦、周天11度。堪輿日期：89．2．25。

◎將坐山運星「三」置入中宮左邊，並以「3」為山盤挨星；此時坐山「癸」對照運星「三」、震宮之「乙」，乙之屬性為「陰」，所以山盤挨星「3」依「陽順陰逆」之原則，即以逆數九星的方式來順飛九宮。

◎將向首（對向）運星「二」置入中宮右邊，並以「2」為**水盤挨星**；此時再將向首「丁」對照運星「二」、坤宮之「申」，申之屬性為「陽」，所以水盤挨星「2」依「陽順陰逆」之原則，即以順數九星的方式來順飛九宮。

丁 向

4 1 巽 六	**8** 6 離 二	6 8 坤 四
5 9 震 五	3 2 中 七	**1** 4 兌 九
9 5 艮 一	**7** 7 坎 三	2 3 乾 八

癸 山

◎圖三：

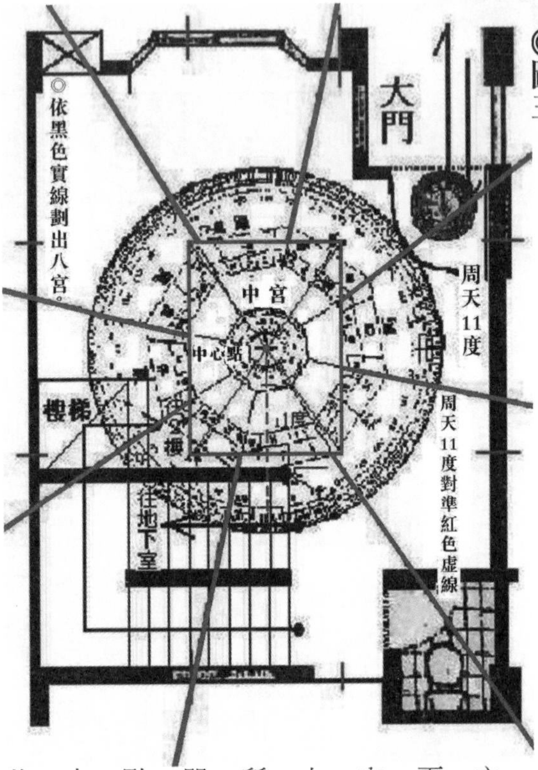

筆者將圖上的尺寸塗掉，以求視覺上之美觀。

在求出九宮山、水挨星盤之後，我們就將分度器（第158頁之工具）放在已繪製好之室內圖的中心點上，此時分度器上的坐山與對向要與在大門處所測得的相同，也就是說分度器的中心點要對準中宮的中心點、分度器上的11度要對準從中心點垂直畫下來的虛線，如此才能正確的畫出室內之九宮格。

接著我們再依分度器上分隔八卦的黑色實線畫出中宮以外的八宮，這就是我們所要的九宮格。又因為所求出的玄空挨星盤可視為一太極，此太極可無限大，也可無限小，所以既可將此太極用為整個屋宅內的磁場堪輿，也可將它縮小至一個房間內的屋宅堪輿。

三、陽宅內部格局之改造

下一個步驟就是將所求出來的山、水挨星盤套入到九宮格中，以做為陽宅內部格局的改造與裝修。此外，如果所要堪輿的宅、地是為有圍牆者，例如工廠、學校或有廣大中庭花園的大廈……等地，同樣以出入大門處為測量周天度數的羅盤或指南針放置處，並以圍牆內之宅、地視為一太極，以圍牆內的中心點為劃分九宮格的根基點，將此宅、地劃分為九宮，並據此再求出各自的九宮山、水挨星盤，以做為整個圍牆範圍內各重要據點設置的基準。

至於圍牆內的辦公室、廠房、起居室、會客室……等建築物，其本身磁場的堪輿，又各自以其建物的入口大門為羅盤下盤處、建物本身的中心點為劃分九宮格的根基處，並據此再求出各自的九宮山、水挨星盤，以做為各自建物內部山、水盤器物的置放依據。

本章節的陽宅圖例，是筆者幫客戶做陽宅堪輿後，用電腦3D繪圖軟體依室內實際比例，繪製而成的陽宅室內堪輿設計、擺設圖。此陽宅位於高雄縣大寮鄉鳳林三路，在民國88年11月全新完工，筆者之客戶於89年2月購買，為一人車分道、花園別墅型的四樓半建築，在要裝潢、搬遷之前，請筆者先為陽宅堪輿。

◎圖四：

坤宮大門處之山、水挨星為６８，為一很好的組合；客廳分佔離、巽二宮，此時將三人組的沙發置於離宮；兌宮處安放一個書櫃，以收１４文昌之美；震、艮宮則擺入低矮型電視櫃；坎宮為雙星會坐的最佳位置，因此在此處置放一個瘦長型飾品櫃，以跟樓梯共收山、水挨星旺氣之吉。

建物外觀圖

一樓九宮山、水挨星圖

一樓室內3D圖

◎圖五：

二樓書房的地方原來是一樓客廳挑高而鏤空的部分，筆者建議將此鏤空處，以樓地板搭建起來做為書房，以收離、巽二宮86、41等「堅金遇土，堆金積玉」、「一四同宮，準發科名之顯」之吉應；此外由於宅主的八字以木、火、燥土為喜用神，故書桌的位置以坐東南向西北為擺放方位。

二樓九宮山、水挨星圖

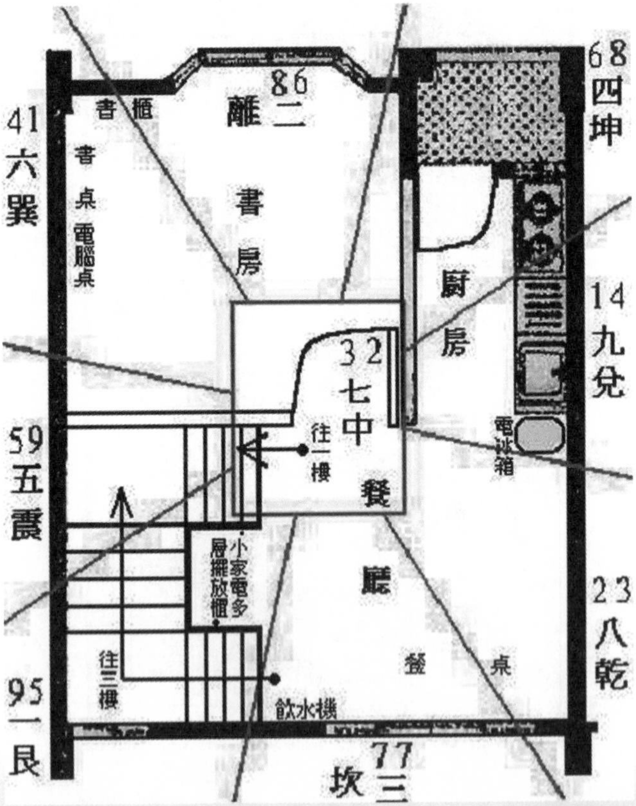

餐桌在不妨礙動線之下，盡量放置於坎宮處，並在此處放一個飲水機，共收山、水挨星之吉應。乾宮處的挨星為23、為病符之位，所以盡量不要擺放任何東西，以動線流暢為要，可以的話，擺一個小盆栽做為裝飾與美觀之用。

二樓室內3D圖

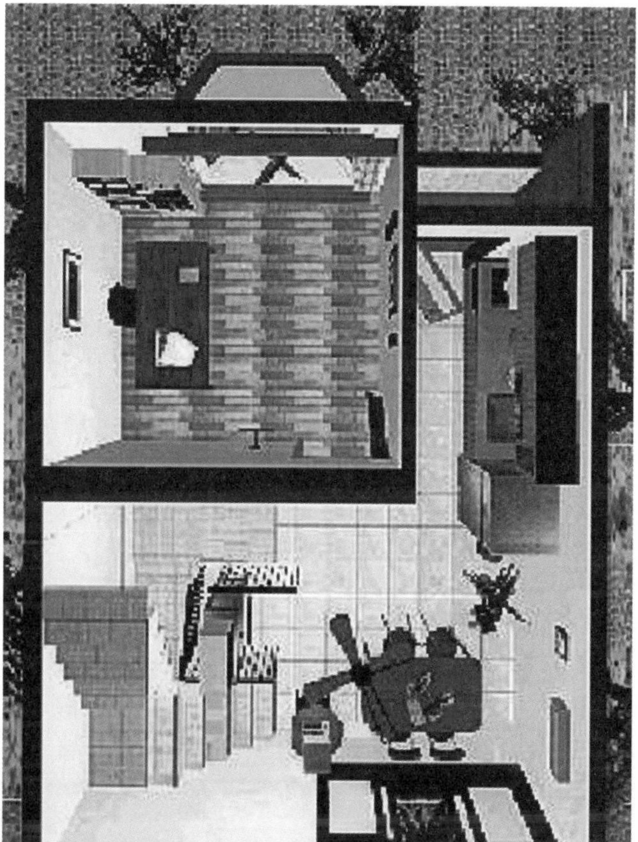

◎圖六：

三樓為主臥室，由於浴廁分佔離、巽二宮，此處只要打掃乾淨，沒有大、小便的臭味即可。

三樓室內3D圖

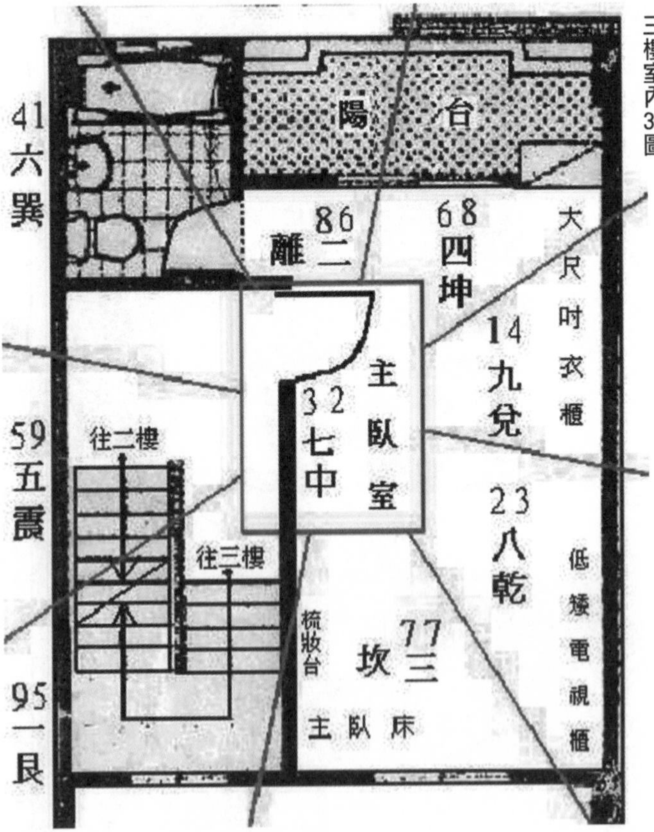

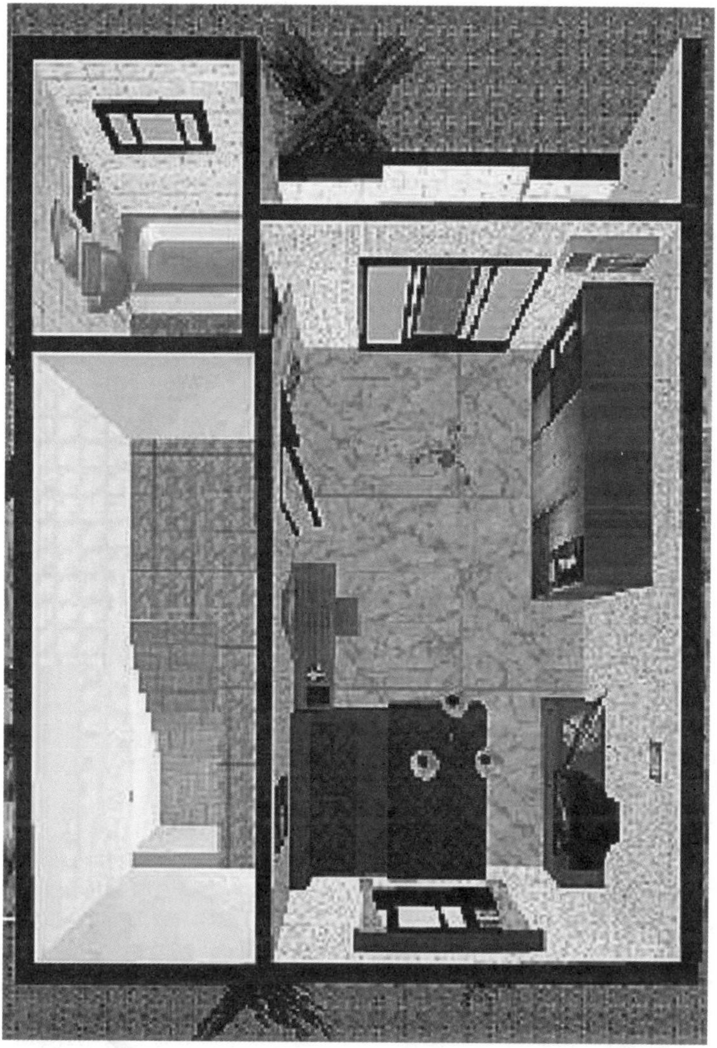

三樓九宮山、水挨星圖

◎ 圖七：

四樓為小孩房，其格局跟三樓主臥房大同小異，只是在乾、兌宮部分再劃分出一間客房而已。

床位坐向方位之安排，乃是以小孩八字命局的喜用為主，並將其置於坎宮處，以求山、水挨星77：「發財旺丁、武途仕宦、小房發福」之吉應。

四樓九宮山、水挨星圖

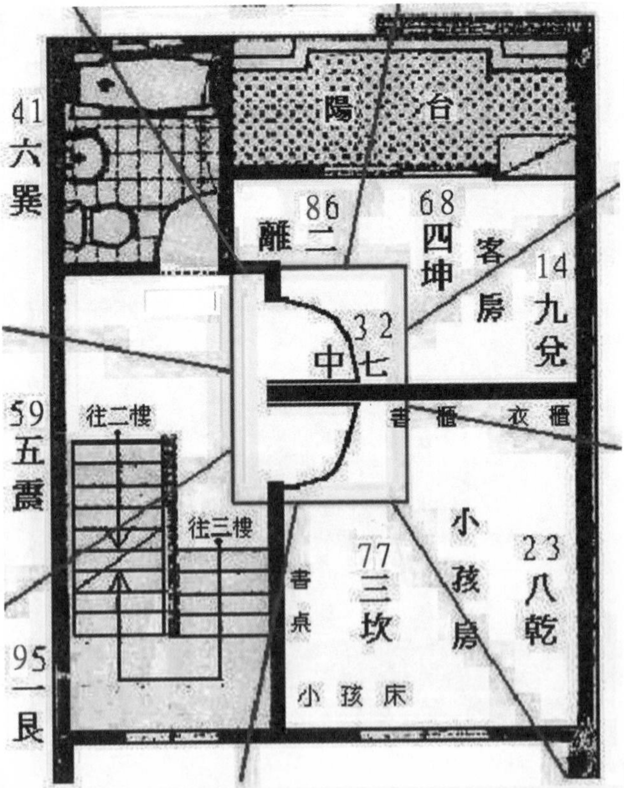

此3D圖之浴廁與進出房間的樓梯，筆者略而不畫。

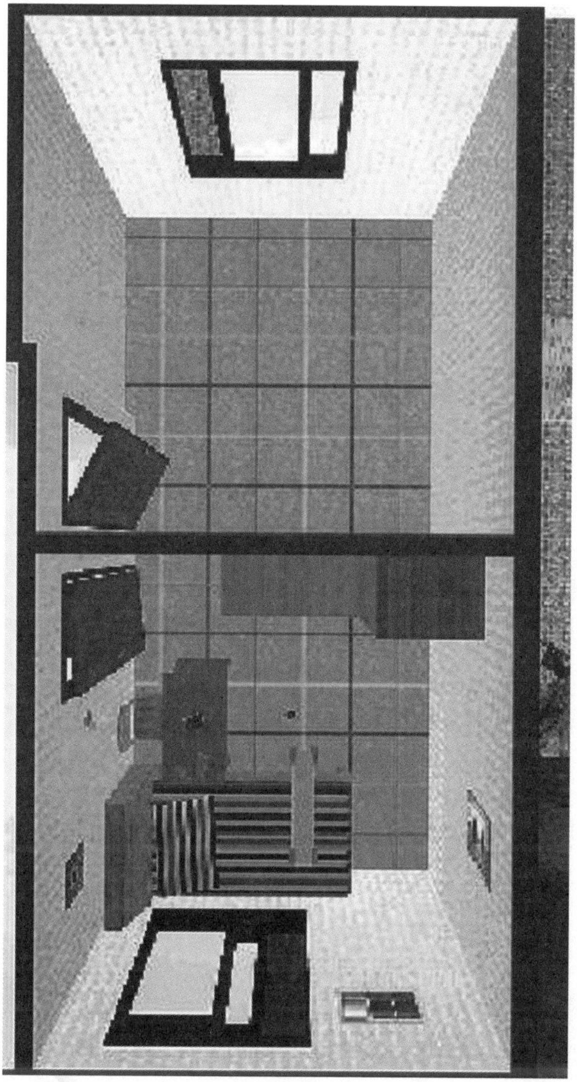

四樓室內3D圖

◎圖八：

此3D圖頂樓為半樓之建築，筆者略而不畫。

一到四樓的全景3D圖

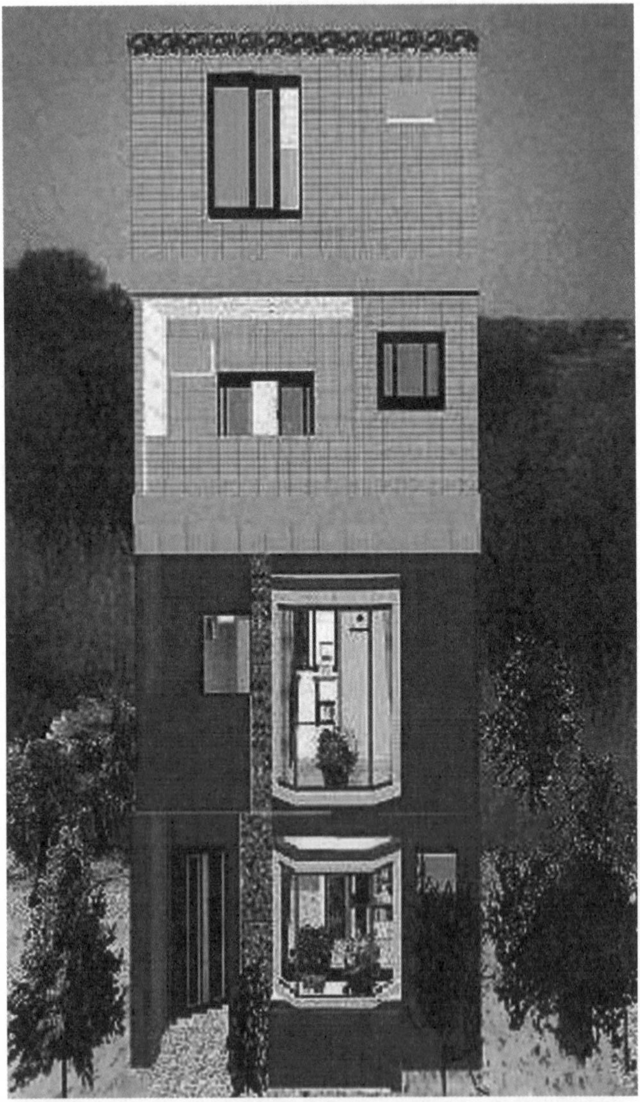

我不知道風——徐志摩

我不知道風
是在哪一個方向吹——
我是在夢中，
在夢的輕波裡依洄。

我不知道風
是在哪一個方向吹——
我是在夢中，
她的溫存，我的迷醉。

我不知道風
是在哪一個方向吹——
我是在夢中，
甜美是夢裡的光輝。

我不知道風
是在哪一個方向吹——
我是在夢中，
她的負心，我的傷悲。

我不知道風
是在哪一個方向吹——
我是在夢中，
在夢的悲哀裡心碎！

第七章

玄空學堪輿之實例

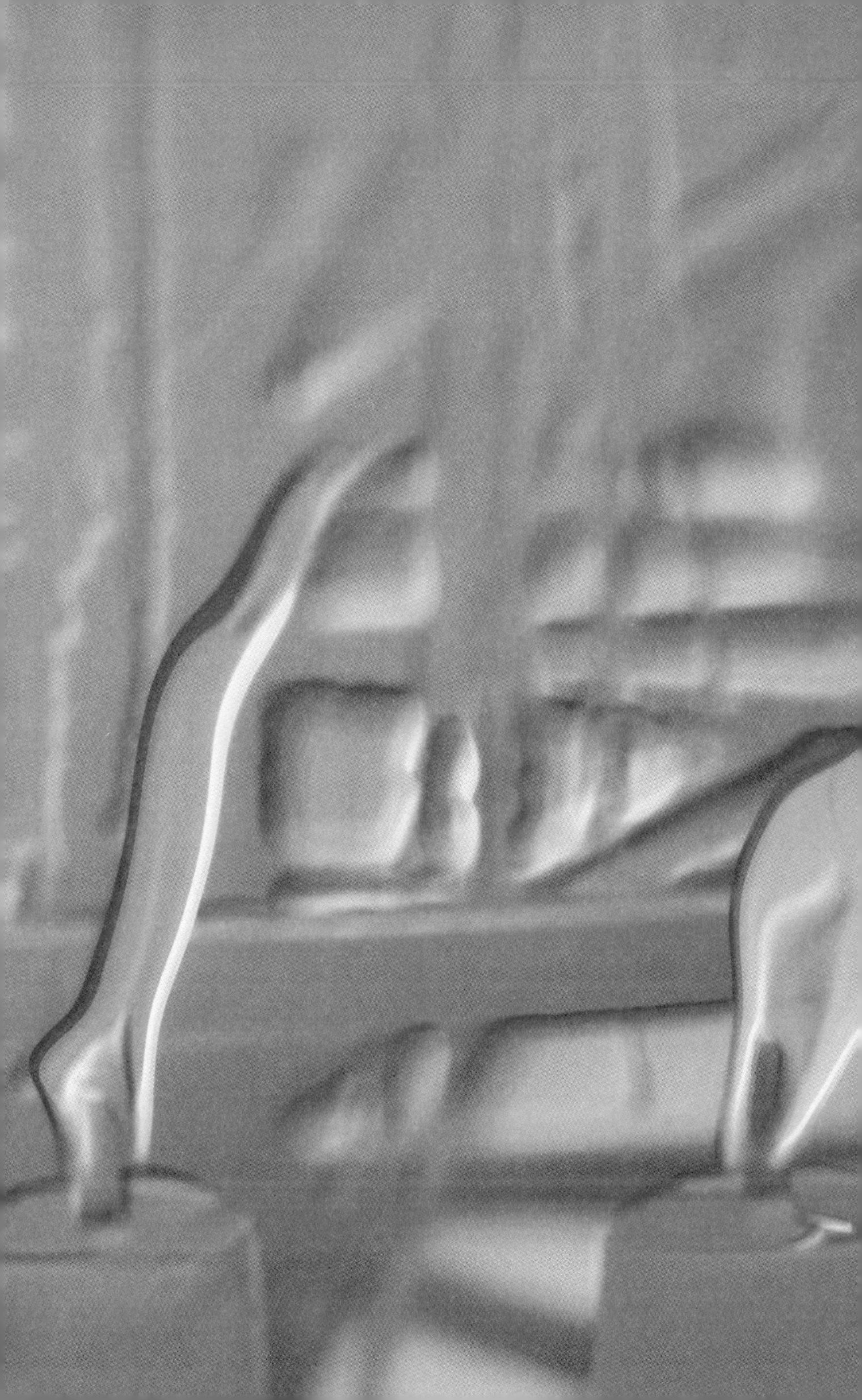

一、前言

當讀者您閱讀本書到上一章節完時，您或許會體會到「玄空學」就陰陽宅堪輿的學理，確實是比陽宅通則要來得深奧、精密而難學。坦白說，一個人如果沒有相當的文學造詣、學術教育等條件，而想要來學「玄空學」的陰、陽宅堪輿學問，是很困難的一件事，這就是為什麼我們在日常生活中，所聽到或所碰到有關陽宅堪輿的論述，都是以「八宅明鏡、魯班經或陽宅通則」為堪輿論述準則，而較少、甚至於幾乎是沒有聽到、碰到以「玄空學」為陽宅堪輿論述準則的緣故。

這也是激發筆者以淺顯易懂、深入淺出方式寫這本書的目的，希望能將「玄空學」這一門非常好的陽宅堪輿學問推廣開來，而為社會大眾所明瞭、所接受，並進而加以運用，以期能將我們的居家環境改造得更加完美。

因此在讀者您要繼續閱讀本章節實例論述之前，如果您就前面有關玄空學的概念還不是很清楚之前，也請您再重複閱讀一遍或兩遍，因為一回生、兩回熟；或是您自認為已經有相當清楚的概念時，則請您繼續閱讀本章的實例述說。

以下的實例是筆者多年來為客戶做陽宅堪輿眾多資料中的幾則實務範例，筆者再次以「玄空學」的實務驗斷配合圖文並茂的述說，詳舉其中的得令、失令的吉凶應事。在下面的論述中，讀者會發現它跟一般我們對陽宅的觀念會有截然不同論述，就筆者而言正是希望讀者能擺脫「八宅明鏡、魯班經或陽宅通則」裡一些似是而非的觀念，並進而對陽宅堪輿有更進一步的認識，才不至於有人云亦云的情形。

讀者您或許會發現筆者一直強調「陽宅改造」的字詞、而不是「陽宅改變」的字詞，因為就筆者從事五術命理等多年來的經驗與感受，一個人一生中百分之60～70幾乎都受到他（她）先天八字命局的左右、影響，也就是說一個與生俱來八字命局的無形磁場，會引動我們有形的人、身體去生活在什麼樣環境、接觸到什麼樣人事物、做什麼樣事情；因此在一生奮發的過程中，同時辰出生的人，因有百分之30～40比例受到外在不同環境的影響，其成就也會有程度上高低的不同。

由於我們無法「改變」我們與生俱來的八字命局，但我們可以來「改造」後天影響我們一生成就百分之30～40的種種環境因素，這種種環境因素大抵可分別為出生環境、成長環境、周遭親朋好友、讀書科系、職業種類、居住地或營業場所、行事作為等……，其中又以住宅、陽宅的影響最大。

因為不管我們在哪一個階段時期，不管是大人或小孩，不管是求學、就職或是經商、自創業，在一天24小時裡面，我們幾乎有12～16小時都身處在一個陽宅之中，因此它的影響力可說是佔有約百分20～30之強，也是後天眾多影響因素裡面佔最重要的一個因素。

「八字造人命，宦浮塵世中；人命造八字，成就競高低。」第一個造字為：創造；第二個造字為：改造。這是筆者在為客戶做八字論命時，寫給客戶命盤表上的一句命理格言。

我們除了從八字命局裡面瞭解到自身的「命」是為不能改變的既定事實之外，就未來的「大運與流年」，雖然同樣也無法改變已知吉凶禍福的情形之下，但是我們可以藉著改變周遭的住宅環境，使它與自身或家人的無形磁場做最佳契合，也就是說做最大能力的改造，以期將好的、吉利的運勢及流年加強到最好的程度，將不好的、凶惡的運勢及流年壓縮到最低的情形，而這也是筆者在為八字論命時，常跟客戶說的「知命、認命、用命、順命」一句話。

當您知道自身八字命的格局之後，您就只好「認命」，因為您無法將時光回復到幾十年前的娘胎裡，再挑選一個更好的時辰出生；此時我們就要去「用命」，這裡所謂的「用」，就是「趨吉避凶」的意思，也就是我們盡最大努力去改造周遭的居住環境、工作環境、選擇適合的職業種類、選讀合興趣的學業科系，不要去逆命，也不要去抗命，更不能宿命，對未來好的運勢及流年我們盡量去衝刺、去把握，對未來不好的運勢及流年我們則以保守、謹慎的行事作為去應對。當這一些命理上改造的方式我們都已經盡力且付諸實行之後，再配合現實生活上自身應該努力的去做工作、去讀書等情形之外，剩下的就是俗語所說「盡人事、聽天命」，也就是「順命」的意思。

二、實例

實例一：

◎西山卯向、下元七運、周天275度、替卦。

◎堪輿日期：86．10．10。

◎住址：高雄縣鳳山市中崙二路。

卯向 ← → 酉山

1 6 巽 六	5 1 離 二	3 8 坤 四
2 7 震 五	**9** 5 中 七	**7** 3 兌 九
6 2 艮 一	4 9 坎 三	**8** 4 乾 八

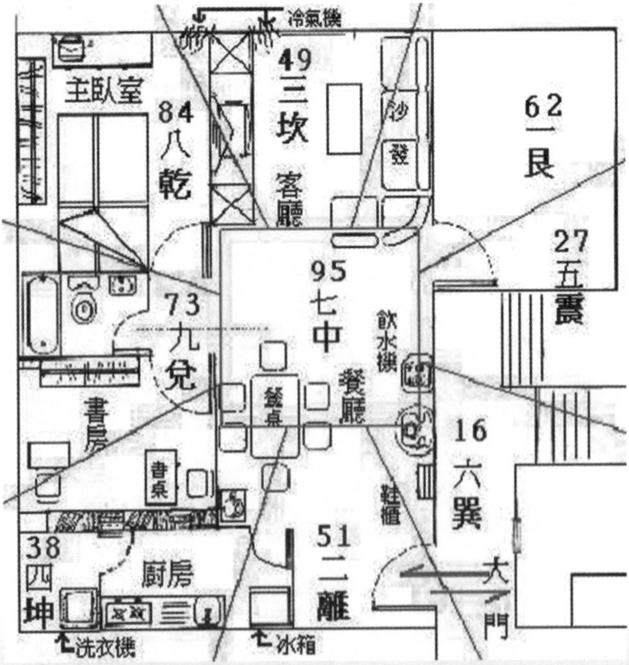

這一棟陽宅的客戶與上一章所舉範例的客戶是同一對夫妻。他們在79年12月結婚，其太太分別在82年及84年兩次懷孕，但都在約2個月時就流產，且第二次的懷孕又是以人工受孕之方式為之。

在86年5月他們經友人介紹請筆者為其夫妻批八字流年，隨後又到他們位於高雄市小港區的住宅為陽宅堪輿。他們夫妻倆自79年結婚後就一直居住在該小港區的住宅處，經筆者為陽宅堪輿及對照其夫妻八字後，就跟他們說這一棟房子不適合他們夫妻居住，不僅子息難獲得，甚至於身體都會有不好的影響，並規勸他們在經濟能力及客觀環境允許情況之下，另外找一棟適合的房子來居住。

夫妻倆經筆者就其八字命局與房子磁場為客觀的分析之後，就開始去尋覓一棟適合的房子，到9月時候找到本實例的公寓住宅，並於10月10日請筆者為陽宅堪輿。

這一棟陽宅的九宮圖及山、水挨星盤如右圖所示。本棟陽宅面積不大，約23坪左右，僅有一間公用浴廁，其主臥房原來的規劃是在艮宮，為坪數最大的房間，但是艮宮的山、水挨星為62，屬於已過氣衰退之星，而乾宮的運星為八，山、水挨星為84，其中乾為父親，八為艮、為少男（註一），因此筆者建議他們夫妻倆將主臥室改在乾宮，並就陽宅其他部分依挨星盤為格局之改造。

筆者除了擇選86年農曆10月9日辰時，為遷居新宅之良日吉時外，並又為其另擇入新洞房之吉辰良時，儀式從簡即可，不需要鋪張。

夫妻倆依筆者之建議而搬遷至新居宅後，如所願的「做人」成功，於88年5月（國曆）生下一男嬰，也請筆者為其孩子批八字命局及取名字。更令筆者驚奇的是，夫妻倆在89年2月請筆者再去堪輿上一章所舉範例之陽宅時，筆者才知道他們又再次的「做人」成功，也是男嬰，並在89年6月順利生產下來，同樣請筆者為此子批八字命局及取名字。

這是一個以玄空學配合夫妻八字命局而為催丁（生男孩）的實例。

◎註一：八卦就運星及人的象徵屬性為：乾、六、父親；震、三、長男；坎、一、中男；艮八、少男。坤、二、母親；巽、四、長女；離、九、中女；兌、七、少女。

實例二：

◎癸山丁向、下元七運、周天10.4度、替卦。

◎堪輿日期：85．10．09。

◎住址：高雄市楠梓區學專路。

這是一間汽車保養廠，負責人為兩位合夥的年輕人，都是民國60年次出生，一位姓「洪」、一位姓「陳」。他們是在民國85年9月買了這一間二手、中古型的保養廠，隨即於10月9日請筆者到該保養廠為陽宅堪輿。

這一間保養廠的門面很寬大，大門位於巽、離、坤宮上，挨星分別為39、75、57，都為當令之星，所以筆者斷說：這一間保養廠一定會賺錢。

但是，經筆者巡視整個廠房之後，發現廁所很臭、很髒，幾乎都沒有人在管理與清潔，而廁所分佔於兌宮與乾宮位，這兩宮的挨星分別為93、12，運星分別為八、九，都是當令之輔

丁向

7 5 離 二	3 9 巽 六	5 7 坤 四

3 9 巽 六	**7** 5 離 二	5 7 坤 四
4 8 震 五	2 1 中 七	**9** 3 兌 九
8 4 艮 一	6 6 坎 三	**1** 2 乾 八

癸山

氣星，而其最基本的要求就是要整齊、乾淨，如今卻建造一個應該位於衰退方的廁所，廁所又是髒臭得很，所以筆者說：「整個廠房的敗筆就是在廁所。」

失令挨星就象意而言，「1」為中男、為好色貪戾、盜賊、刑妻；「8」為少男、為背叛、反目成仇、損小口；「9」為中女、為官司、火災、眼疾；12、21為眾叛親離、散亂，為「中男絕滅不還鄉」，主田園流失；93、39為「赤連碧紫，聰明亦刻薄之萌」，主生聰明刻薄之人、盛極而衰、犯法遭刑、牢獄之災。乾、兌兩宮山盤挨星合併為91、19，為夫妻不和、官災、火災，夢寐牽情；兩宮水盤挨星合併為32、23，為：「鬥牛煞起惹官司」，主因貪受害。

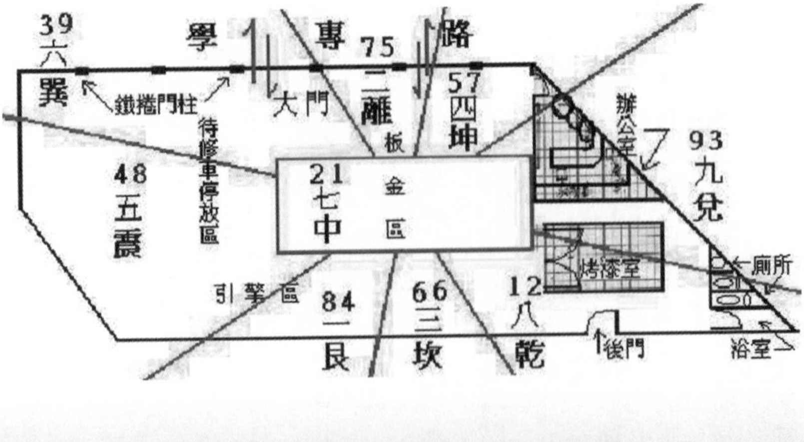

筆者又說：「原來的經營者即使會賺錢，也會因好色而將賺來的錢用在花天酒地上，最後導致夫妻不和、離異，廠房內部員工眾叛親離，並且經營者除了身體會有眼疾或是血壓的毛病外，在民國85年、丙子年（註一）也會有官訟牢獄之災。」

這兩位新接手的年輕合夥人聽完筆者的全部論述後，很是驚訝，並說：「完全跟林老師所說的一樣。」隨後他們才將這一間保養廠以前經營的情形告訴筆者，「陳」姓合夥人說：「『洪』姓合夥人本來是這一間保養廠的引擎師傅，原來的老闆除了表面上正派的在經營汽車維修與保養外，暗地裡並與竊車集團勾結，也在做失竊車『借屍還魂』的非法行為，由於錢好賺，所以也將賺來的錢花費在酒廊、賭博……等銷金窟的場所，其結果必定是導致家庭失和、夫妻離異；又因對員工過於苛責、刻薄、動不動就口出穢言、大聲叫罵，甚至於祖宗八代都會請出來，最後被離職的年輕員工密告到警察局，經警察到現場人贓俱獲，此時經營者也因而鋃鐺入獄去吃免費的牢獄飯。」

「陳」姓合夥人接著又說：「我們知道廠房的陽宅格局一定有問題，所以前手的經營者才會為非作歹，終而鋃鐺入獄，只是不知道問題出在哪裡，今天既然已經知道問題的癥結在廁所，那我們現在對廁所問題的解決之道要如何進行？」筆者告訴他們說：「就現實狀況而言，最好的辦法是將廁所改建到坎宮處，但如果不想改建的話，則每天務必要將廁所打掃得很乾淨或是請清潔公司每天派人來打掃。」此外，筆者也告訴他們在每一間廁所的裡面置放一瓶「安忍水」（註二），以化解官訟、口舌、牢獄之災。

這是一個廁所並非安置在全宅的中心點，卻一樣會有官訟牢獄橫災、夫妻失和的實例。

◎註一：在玄空學中流年的推斷法比較複雜，因此在本書裡筆者就不論述。

◎註二：「安忍水」也是玄空制化法的一種。在挨星7、8、1等山水失令的地方，將一瓶密封罐（裡面裝清水約八分滿，並放入一斤白鹽、六個古銅幣《樣式不拘》、一個仿製的龍銀）置放於該處，用以化解口舌、官訟牢獄之災。

實例三：

◎乾山巽向、下元七運、周天311度、下卦。

◎堪輿日期：86．3．27。

◎住址：高雄市楠梓區後勁北路。

這是一棟三樓透天住宅，客戶買的是中古屋；筆者今僅以一樓部分為範例做解說。

巽向

7 5 巽 六	3 1 離 二	5 3 坤 四
6 4 震 五	**8** 6 中 七	**1** 8 兌 九
2 9 艮 一	4 2 坎 三	**9** 7 乾 八

乾山

這一棟透天厝的廁所一樣是又髒、又臭，而廁所位於乾宮處，該處的山、水挨星為97、運星為「八」；挨星97失令的象意為：「午酉逢而江湖花酒」，傷風敗俗、放蕩花酒、好色癆瘵、女災、夫妻反目；「赤(7)紫(9)兮，致災有數。」挨星「7」失令又為口舌是非、盜賊官非、牢獄橫死。

筆者看完整棟房子及排好挨星盤後即說：「原來的屋主嗜好酒、色，到最後會有官訟牢獄之災及夫妻離異的情形發生。」客戶(為一位中年婦女)聽完筆者為陽宅堪輿的論述後即說：「我是楠梓區人，住在附近，上個月才委託土地代書到法院標得這一棟法拍屋。我認識前手屋主；前手屋主原本在一樓經營海產小吃店，由於前面正好是一間楠梓區很有名的廟宇，周遭又都是夜市商店街，所以生意很好。只是原屋主自兩年前忽然有外遇進而金屋藏嬌、又沉迷在賭博之中，終而無心於海產小吃店的經營，其結果可想而知是入不敷出且在外面欠了一屁股債，被債權人告到法院，房子被拍賣還無法清償欠款，婚姻關係也宣告破裂，現在人也不曉得躲到哪裡去了。」

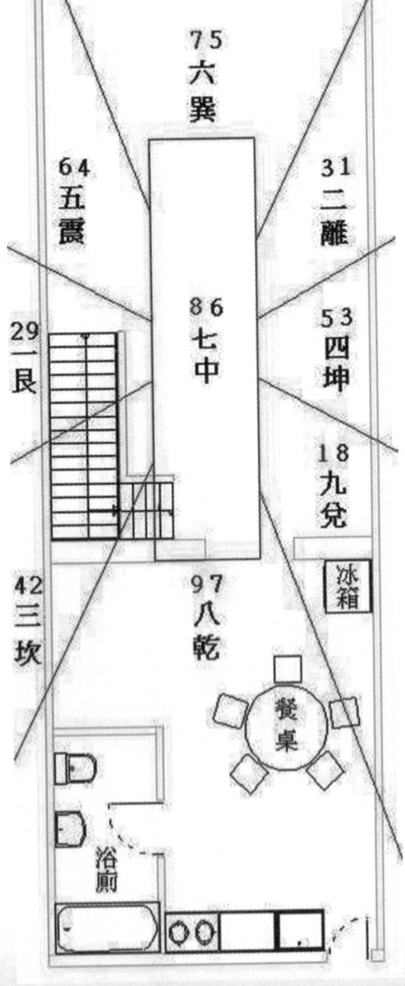

客戶講完原來屋主的情形之後，隨即問筆者說：「林老師，那我們住進來之後，要如何處理才好呢？」筆者一樣告訴她，只要將廁所打掃乾淨、無髒臭味的情形就可以了，至於其他的地方倒是不用擔心。

這也是一棟廁所不在房子中央，卻一樣有官訟、夫妻離異等災禍發生的實例。

實例四：

◎坤山艮向、下元七運、週天221度、下卦。

◎堪輿日期：89．3．20。

◎住址：高雄市三民區九如一路。

坤山

3 2 巽 六	**8** 6 離 二	**1** 4 坤 四
2 3 震 五	4 1 中 七	6 8 兌 九
7 7 艮 一	**9** 5 坎 三	5 9 乾 八

艮向

這是一間位於辦公大樓裡面的陽宅，面積約60坪，出租做為辦公室之用。

筆者的客戶為兩位合夥人（以甲、乙稱之），他們是未上市股票買賣的盤商、中間商，承租這一間辦公室做為業務推展及幫客戶做股票分析之用，其中甲合夥人又為股票主要分析師。他們八字命局的五行，都以水、木、濕土為喜用神，而乙合夥人又以金為閒神。

艮宮、出向處的山、水挨星為77，為雙星會向格局，位於大門處，這是一個很好的地方，其吉應為：發財旺丁、武途仕宦、小房發福，出才女、名伶。

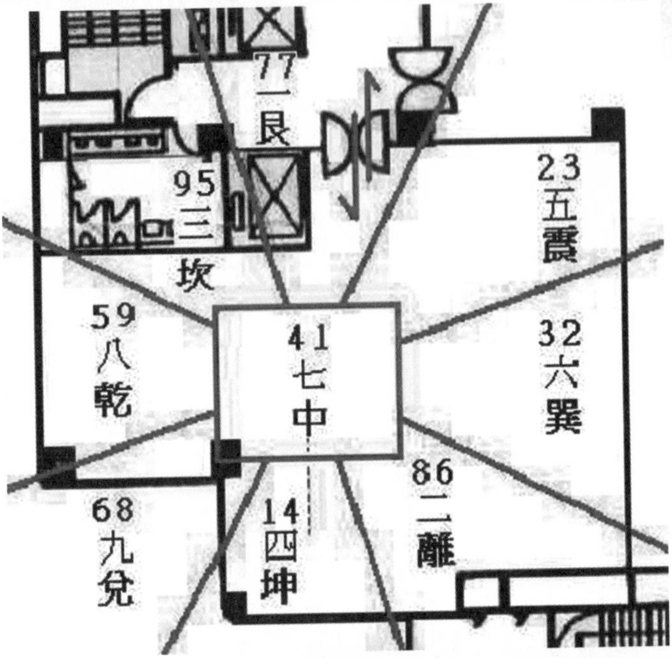

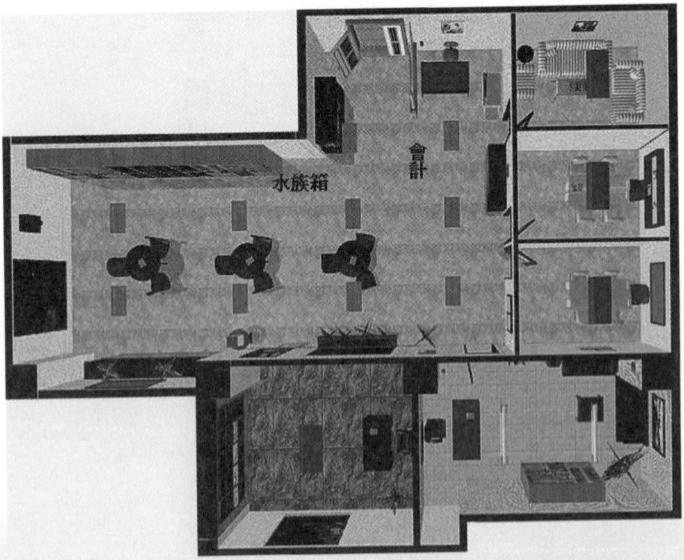

◎附圖一：上圖為平面圖、下圖為3D俯視圖。

筆者配合他們命局五行喜用神，在大門入口處的右方放置一個大型的水族箱；另外在坎宮山盤挨星9處置放數個高大的置物櫃，以求挨星95：富貴文章、旺人丁、出大貴人等的吉應。如下附圖二。

乾宮及中宮水盤的挨星分別為9、1，為輔氣之星，將業務員的辦公室設於此處，以符合其工作屬性五行屬水的性質，員工會往外衝業績，而不會死坐在辦公室裡面。如下附圖三。

附圖二

附圖三

坤、離二宮山水盤挨星分別為14、86，山盤都為當令之運星，其吉應為：「一四同宮，準發科名之顯」、「武科發跡，韜略榮身」、「六遇艮星，尊榮不次」、「堅金遇土，堆金積玉」；因此將兩合夥人的辦公室置於此兩宮，座位則以在離宮、接近離坤兩宮交接處，以取山盤挨星「8」之生氣星。如下附圖四、附圖五。

附圖四

附圖五

實例五：

◎丑山未向、下元七運、週天32.2度、下卦。

◎堪輿日期：88．12．05。

◎地址：高雄市小港區。

這是一家油漆製造公司，廠房與公司設在一起，面積約三千坪，主要是生產工業用之油漆，如造船、汽車、飛機……等。

未向

9 5 巽 六	5 9 離 二	**7** 7 坤 四
8 6 震 五	**1** 4 中 七	3 2 兌 九
4 1 艮 一	6 8 坎 三	2 3 乾 八

丑山

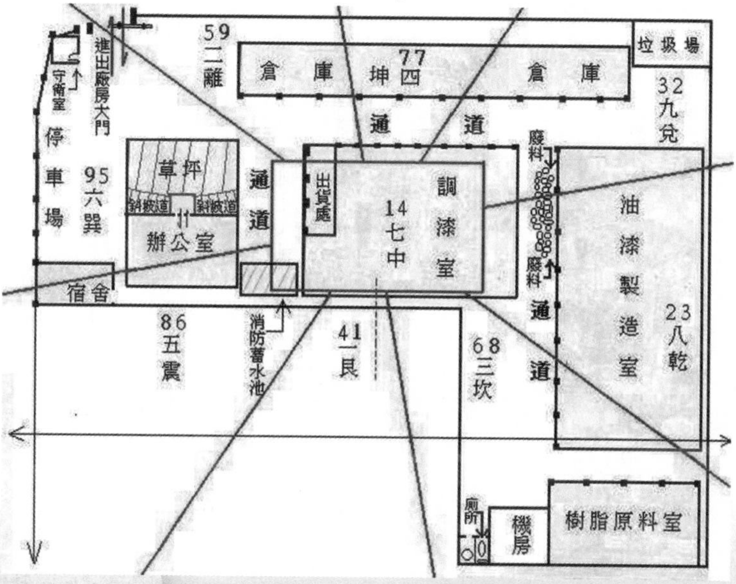

圖一：廠房平面圖。

此油漆製造廠房原來是設在高雄市區內，在民國77年遷廠於此，到筆者來為陽宅堪輿的民國88年12月時，已有11年多之久。

大門位在離方，水盤挨星為9、為當令之輔氣星，辦公室在巽宮，山盤挨星為9、為輔氣星，所以筆者說：「生意是不錯，客源方面雖然都有大客戶，但因形勢比人強，所以客戶的態度、氣勢都頗為高漲的，不一定會把公司放在眼裡。」

中宮挨星為14，得令為文昌、智慧、科舉功名的吉應，失令則是出浪子、離散、衝突的凶應；震宮山盤挨星為8，失令為少男背離、背叛、不利少男的凶應。今有一消防蓄水池（長約10公尺、寬約4公尺、深約3公尺）位於震、中二宮處，而該水池卻為一死水、不乾淨，因此：「在調漆室裡面的員工會不安於室、鬼頭鬼腦、喜歡耍小聰明，或是有偷雞摸魚的毛病。」

筆者繼續跟客戶說：「最嚴重的地方則是在乾宮。」該地方的山、水挨星為23，其中2為病符之星、3為魯莽、無知，為官非、口舌、有始無終之星，23失令則有「鬥牛煞起惹官司」、因貪受害的凶應。該處為「油漆製造房」，也可以說是公司、廠房命脈的所在，卻建置在一個最不好的磁場方位上，它的凶應則是：「這裡面的員工無法管教、態度傲慢、油條，對公司生產流程的指示則是陽奉陰違，產品品管控制不好並常有被退貨的情形，因此可以說公司即使有賺錢，也會在這邊損失不少。」

至於坎宮上的廁所，則是不很乾淨，挨星68失令的凶應則是「艮配純陽，鰥夫豈有生發之機」，8為少男、為背叛，6為乾父、為長者，兩男相處無生發之機，為硬碰硬的情形，因此油漆室與樹脂室的員工吵架的機率很大，連老闆都管不了。

客戶（為一女性、大學音樂系畢業）聽完筆者就整個廠房的吉凶分析之後說：「我剛畢業後也到我父親經營的這家油漆製造公司上班，而公司的客戶都是國內有名的汽車業製造廠，或是中船、輪船製造廠……等大型客戶。雖然在經營之時都有賺到錢，但也因客戶本身也都是大企業，所以對我們油漆廠的姿態也都擺得很高。至於調漆室裡面的員工則經常會利用上班時間偷打牌，也被我抓到好多次；其中有一位甚受老闆倚重的員工，因為自恃自身調漆技術高超，在上班到一段時日後即離職而自創業，且經營的項目與公司相同，也多少影響到公司營業上的獲利。」

客戶又說：「最讓我頭痛的確實是油漆製造室這個地方。」她說：「剛才林老師你所看到的那個地方的走道上推滿一桶又一桶的鐵桶，裡面存放的就是被客戶退回的產品、要不就是在生產過程中因為品管不良而產生瑕疵品，我都不敢讓我媽媽知道，因為這些退貨或是瑕疵品金額的浪費實在是太大了，公司的營利也在這個地方虧損不少。」

她這一說讓筆者嚇了一跳，筆者事先還以為那一堆的鐵桶是要製造油漆的原料，因此才擺放在油漆室外面，數量確實是多得不可思議。

繼續談了其他的問題之後，客戶並問筆者說：「現今要如何來解決與改善公司的問題。」由於這一間油漆廠房是位在兩條馬路的交接處，也就是一條馬路位在目前開門處的離宮方位上，另一條馬路則位在巽宮方位上，經筆者將羅盤置於巽宮處，以幾個週天度數、山水挨星盤為比較後，建議客戶將原來的大門封閉不用，僅留下原來旁邊小門即可，並將大門改開在巽方處，坐向為：乾山巽向、週天317度、下卦、下元七運。

客戶聽完筆者的建議後就說：「我們在10幾年前設廠之初，就有意將大門開在林老師你所建議的地方，後來因為我的祖母也曾經請風水老師為陽宅堪輿，該風水老師說：『在巽方開門，則門與廠房的道路成一直線為凶』，我們因此就依該風水老師的建議，將廠房開在目前的地方。」

筆者聽了客戶的述說之後，不禁搖了頭，這又是一則以《陽宅通則》裡面的論述為陽宅堪輿的實例，難怪客戶說她的父母本來也相信風水、命理之說，但因經過種種不應驗的情形之後，就也不很相信五術方面的論述，即使相信的話，也不知道要去哪裡找一位能夠信賴的風水老師；這或許也是社會上很多人所共同面臨的問題。

新開大門後的九宮挨星吉凶論斷，筆者不再贅述，請讀者自行參考前面挨星吉凶表。

圖二：新開大門之平面圖。

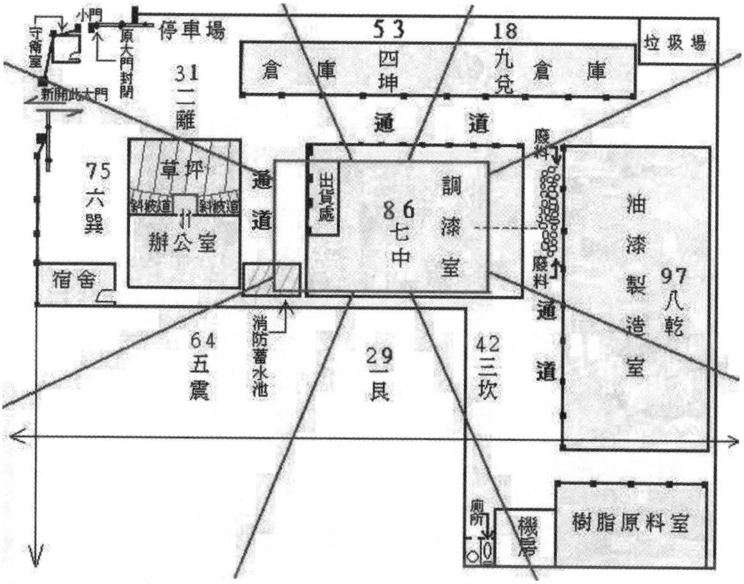

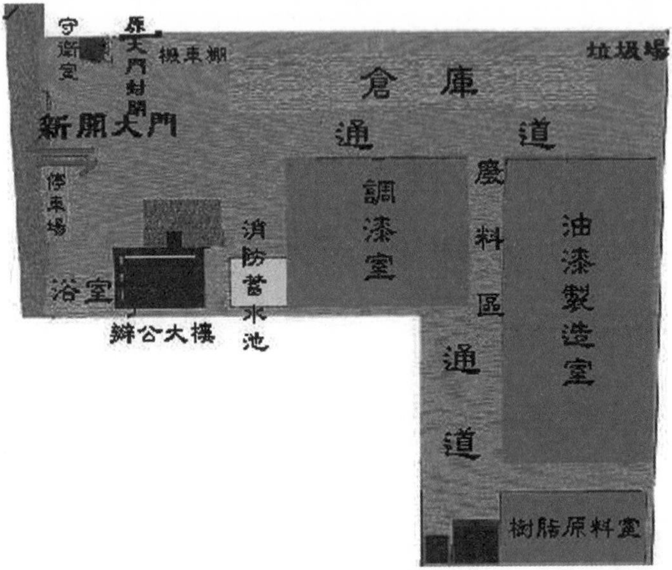
守衛室
原大門封閉
機車棚
垃圾場
倉庫
通道
新開大門
停車場
調漆室
廢料區
油漆製造室
浴室
辦公大樓
消防蓄水池
通道
樹脂原料室

◎圖三：廠房俯視3D圖。

實例六：

◎乾山巽向、下元七運、週天317度、下卦。

◎堪輿日期：90．05．19。

◎地址：高雄縣仁武鄉。

巽　向

7 5 巽 六	3 1 離 二	5 3 坤 四
6 4 震 五	**8** 6 中 七	**1** 8 兌 九
2 9 艮 一	4 2 坎 三	**9** 7 乾 八

乾　山

◎圖一：建廠用之土地地形圖。

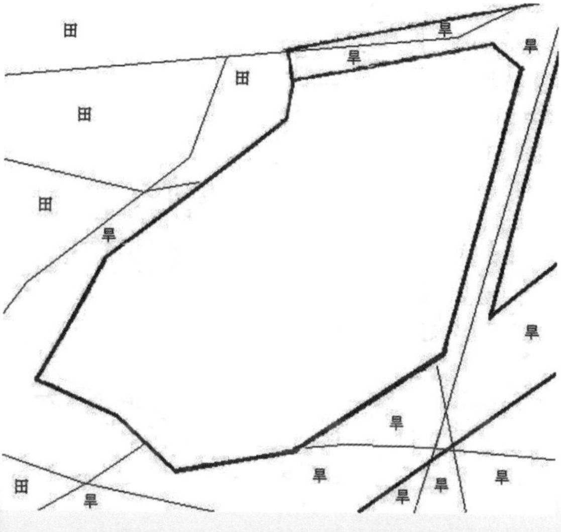

這是一家汽車保養及廢棄汽車解體之工廠，負責人則是筆者所著《八字自學講義》、上冊第207頁例六之乾造。

此客戶原經營之廢棄汽車解體工廠的租期在民國90年6月底到期，由於該工廠之面積

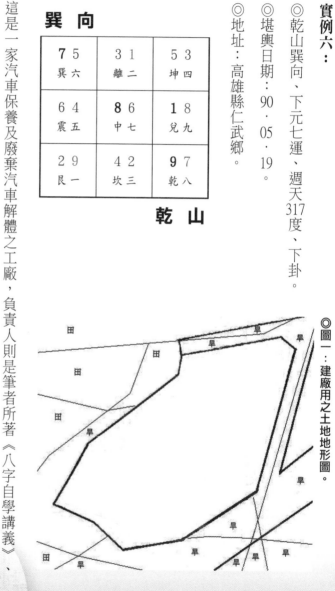

僅約400坪且已經營10年之久，所以該客戶在3月初起就開始尋找面積更大的土地，以便重蓋新廠房之用。

客戶在民國90年4月中旬覓得四筆土地，並請筆者就這四筆土地做風水鑑定，看哪一筆土地為吉地而可以做為建廠之用。筆者就四筆土地分別做風水鑑定後，即建議客戶承租如下圖一之土地以做為重建新廠之用。

這一筆土地原是栽種「泰國芭樂」之地，係一不規則、多邊角形狀之土地，面積為1120坪，5月初客戶與地主簽妥土地租賃事宜後，隨即將芭樂樹鏟除及整地之作業，並於5月中旬請筆者再次到現場詳細的為建廠用之陽宅堪輿，以做為建廠設備規劃之用。

此土地經筆者為羅經格定後，為一坐乾山巽向、週天317度、下卦之地形，其山、水盤挨星九宮圖經以幾何學的數學推算法計後，如下圖二。

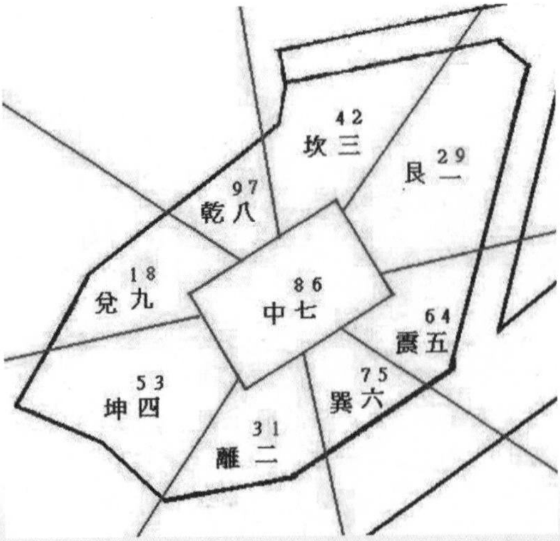

◎圖二：建廠用之土地九宮山水盤挨星圖。

該土地經筆者為其詳細的堪輿之後，客戶即告訴筆者說：「我的工廠設備計有：出入大門、小門、辦公室、廚房、水井、水塔、排水口、地磅、浴廁、垃圾置放區、消防設備、排水系統、貨櫃月台站、廢汽車拆解區、汽油儲存區、廢機油槽、油水分離槽、零件儲存區、廢電池儲存區、廢汽車置放區、廢車殼堆置區、廢輪胎儲存區、廢五金儲存區、大型貨櫃車迴轉調度區等的設施。」

筆者依照客戶所提建廠設備之項目，以陽宅堪輿後之山水盤挨星為依據，並參考負責人八字命理五行之喜用、土地地形，與廠

◎圖三：廢汽車拆解工廠設備堪輿配置圖。

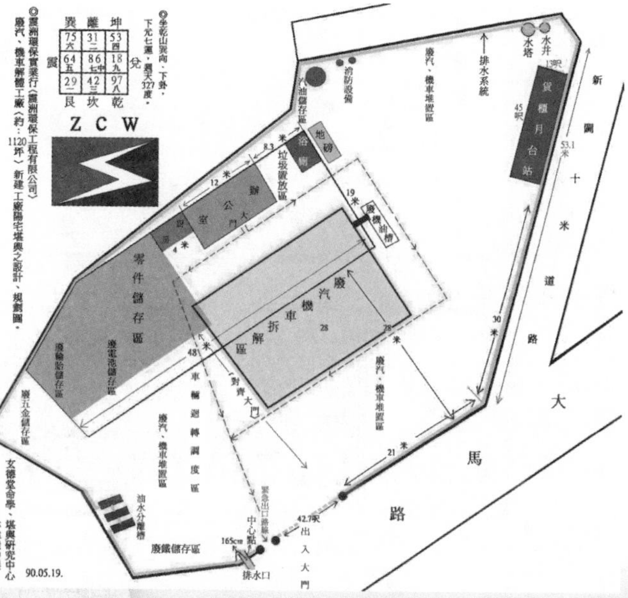

房運作動線之需要，而做如下圖三之規劃。

這一塊土地面臨大馬路處的左邊為震宮，其水盤挨星為「4」、為衰敗之方；右邊為離宮，其水盤挨星為：「1」、為生氣輔助之方。故筆者即將出入大門規劃在離宮之處，以取其「開創事業、進化，家旺、成長；科甲傳名，添丁進財。」之吉應。

像這樣將出入大門開在整個陽宅格局的右邊之情形，就一般信守《陽宅通則》：「左龍右虎，大門絕對要開在左邊之龍邊處，而不可開在右邊之虎邊處」的時師而言，根本就是犯了虎邊開門的大忌。然而就如筆者在第一章的論述內容，由於《八宅明鏡》、《陽宅通則》等說法的準確度並不高，故筆者現今已不再採用這類說法做為陽宅堪

◎圖四：辦公室內部格局之規劃。

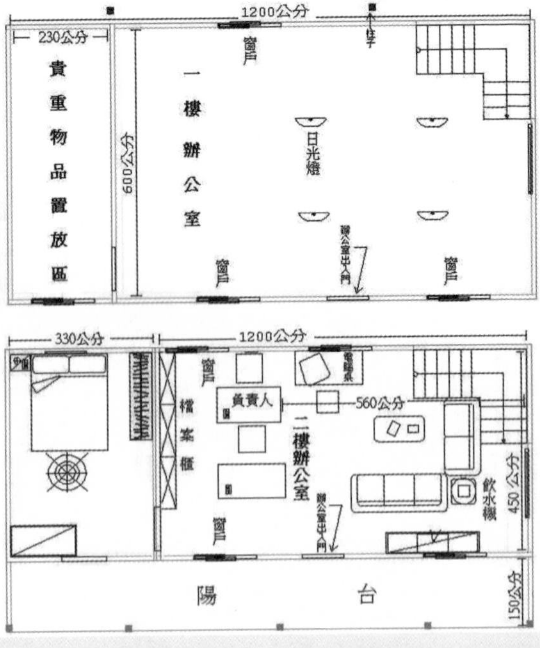

輿之依據，而完全是以「玄空學」的學理論述做為陽宅堪輿之根據。

另外辦公室依九宮山水盤挨星圖、負責人八字命理五行喜用，及室內動線而為規劃如下圖四。

實例七：

◎辰山戌向、下元六運、週天124度、下卦。

◎堪輿日期：91．10．21。

◎地址：高雄市楠梓區。

辰山

6 6 巽 六	1 2 離 二	8 4 坤 四
7 5 震 五	5 7 中 七	3 9 兌 九
2 1 艮 一	9 3 坎 三	4 8 乾 八

戌向

這是一幢在自己土地上蓋起來的二樓別墅型住家，在民國70年蓋好。目前是三代同堂住在一起，由於屋主原先是經營小型營建業及土木工程之事業，因此一樓規劃為客聽、辦公室、廚房（圖一），二樓則全部規劃為房間及讀書房（圖二）。

由於本棟建築物雖然是在民國70年蓋好，屬於六運之地運，但隔個3年，也就是民國73年就已交七運的地運，因此九宮的基本盤雖然仍以六運為主盤而飛調九宮，山、水盤也一樣依六運來挨排九宮，然而有關山、水挨星的強弱衰旺之表示，筆者則以七運為表示。

從一樓的圖示可知，進出大門在乾宮，其水盤挨星為「8」、為當旺之方，因此筆者就跟屋主說：「這一棟房子自民國73年後就有替你們帶來很可觀的財運，尤其是約民國77年～83年這幾年間，台灣的房地產正處於飆漲的黃金時間，你們的獲利之多，也應該是非常讓人羨慕的。」屋主兒子聽完筆者這樣

◎圖一：一樓內部擺飾及九宮山水盤挨星圖。

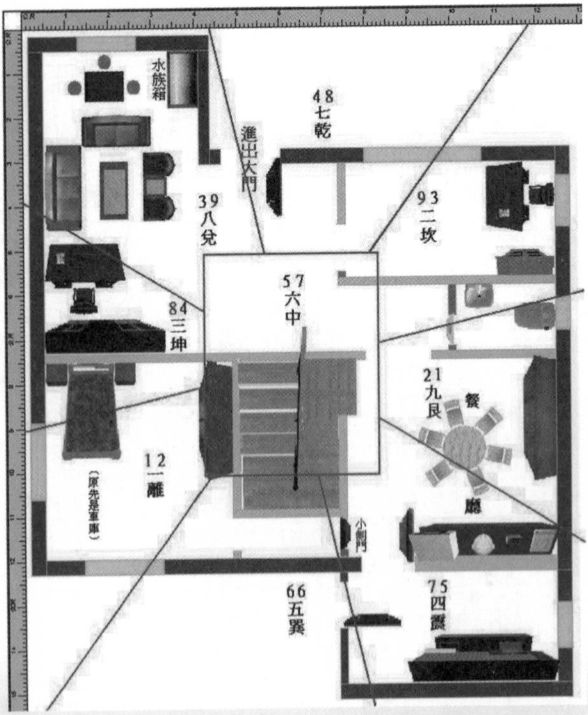

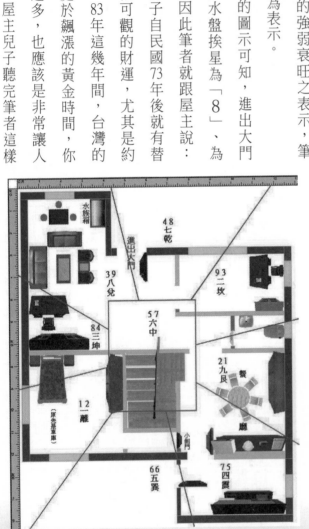

子的分析與敘述後，嘴角帶著微笑且一直點頭般的表示認同。

其次在此棟房子的後方樓梯旁的那一個房間，是一個車庫—分佔離、巽兩宮，地勢比房子本身其他部分的地基低約1呎，這個車庫是以一整片的電動鐵捲門做為門戶，當筆者去堪輿的時候，停一輛車子，電動鐵捲門已捲到最頂端。

筆者隨即問屋主說：「你們這個車庫的鐵捲門平常就都一直捲到頂端，還是偶爾才捲到頂端？」屋主的兒子回說：「我家就如林老師你所看到的，我們的庭院不小又有圍牆，因此鐵捲門平常就捲到頂端，很少將鐵捲門放下來，這樣子車輛的出入才比較方便。」

由於離宮的山盤挨星為「1」、為輔助之方，這個山盤得運之處應該要用於靜態、穩固、不流動的場所，但屋主卻將其用在車庫的功能，且鐵捲門又幾乎是終年都捲到頂端，也就是說屬於一個開放式的空間，這樣子的磁場已經是為「山水失位」的情形；其次，從小側門進入的通道，位居巽宮，其山、水盤挨星都為「6」、為剛過運之衰退方。

因此筆者就又跟屋主的兒子說：「這一棟房子雖然會給你們帶來財運，但在無形中也將你們的錢財流失掉，而這個流失的情形應該是你們父子倆都很重朋友情義、很愛面子，經常被朋友損財、倒財，而且這種損財、倒財的情形，都猶如走後門般的偷偷的向你們借錢，到後來即使倒了你們的錢，你們父子倆也因為愛面子、重友情而放棄向朋友要回被倒的錢財。」

屋主兒子聽完筆者的這一番話後，也是覺得不可思議的說：「既然我家的錢財問題都像你所講的這樣，那請問我們要如何做才能夠將這個問題解決呢？」

筆者說：「你們的問題出在車庫這個地方，唯一的辦法就是將車庫的門封起來，築一面牆壁並且開一個窗戶就好、不要開門，將這個車庫改為房間，不要再當作車庫使用，反正你們家的庭院也是很大，

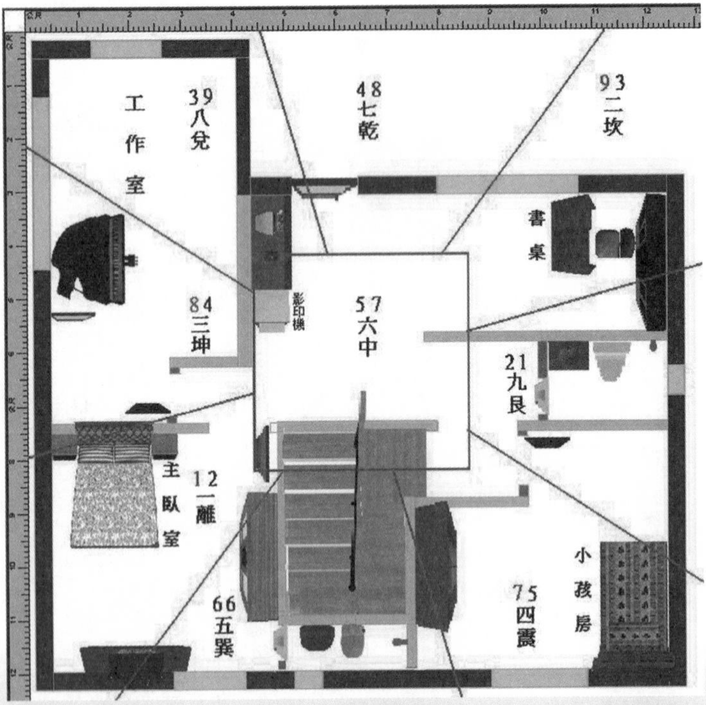

◎圖二：二樓內部擺飾及九宮山水盤挨星圖。

將車子停放在庭院上的空地就可以了。至於這個改建為房間的房門，一樣以原來出入的小側門當作出入門就可以了。」筆者另外就負責人的辦公桌位及其他的擺飾物安放位置，則為如圖一的建議做擺設。

二樓內部的擺飾及九宮山水盤挨星則如圖二所示。由於這家人現在是由屋主的兒子在主事，他們夫妻的主臥房原來是在兌宮，其山盤挨星為「3」、為衰退方，而水盤挨星則為「9」、為當運的輔助方，房間設於此也是屬於「山水失位」的情形，因此筆者再次跟他們說：「你們夫妻的主臥室設在這個地方，那你們不僅睡不好，而且也待不住，每天一睡醒後就想離開這個房間。」此外筆者再就他們其他房間位置及擺設做一番的分析與說明後，也大抵都如筆者所述。

筆者今就屋主夫妻八字命局的五行喜用神、孩子八字命局的喜用神，再配合房屋的山、水挨星之位置，而為如圖二的擺設及安置。

LWN

命理、命名、擇日、文王卦・風水・安塔位・陽宅堪輿・開光及安神位・祖先牌位安座・

網站：http://www.taconet.com.tw/lwn ; E-mail : lwn48912@yahoo.com.tw (歡迎上網)
服務處：高雄市苓雅區河南路 102 號 3 樓。電話：7221945. 手機：0963-497859. 傳真：7230549.

◎服務項目：	◎服務潤金：	◎服務內容：
一、八字論命：	五年流年詳批：二三〇〇元。	※爲客戶詳論：事業、婚姻、感情、子女、座向、顏色喜用、擺飾品。
二、結婚、搬遷擇日：	二三〇〇元。	※結婚：選擇訂婚、安床、迎娶三吉日。搬遷：參考屋主八字及房屋座向。
三、公司、行號、個人命名：	二三〇〇元。	※個人命名：包括大人、小孩及初生嬰兒。
四、命名十八字詳批：	三二〇〇元。	※與前項命名至少選取 30 組以上名字，由客戶自行選取。
五、卜卦、文王卦：	一卦五〇〇元。	※每一卦專精論斷一事，範圍雖狹小，但其論斷之精準，真令人讚揚。
六、陽宅堪輿：	公寓：一〇〇〇〇元。 透天、別墅：一六〇〇〇元。 公司、工廠、營業所、房屋新建或改建：二六〇〇〇元。(一五〇坪以內，含擇日)	※詳細爲客戶規劃財庫位、文昌位、負責人位，內部格局配置平面圖。
七、風水堪輿：	安靈塔位：二八〇〇〇元。 吉地土葬：三〇〇〇〇元。	※不論點選幾處吉地、或是幾處靈塔位，都以直到客戶滿意爲止。
八、開光、安神位：	八〇〇〇元。	※包含選擇開光、安神位之吉日、吉時，以及開光、安神位之儀式。
九、男女初交往感情分析：	二三〇〇元。	※就男女八字之命局及個性詳細論述、分析，以爲是否繼續交往之參考。

2018.01.01.

國家圖書館出版品預行編目資料

風水不求人，陽宅改造自己來 / 林煒能著.
－－第一版－－臺北市：知青頻道出版；
紅螞蟻圖書發行，2018.12
面　公分－－(Easy Quick；162)
ISBN 978-986-488-202-1（平裝）

1.相宅

294.1　　107019745

Easy Quick 162
風水不求人，陽宅改造自己來
作　　者／林煒能
發 行 人／賴秀珍
總 編 輯／何南輝
校　　對／周英嬌、林煒能
美術構成／沙海潛行
封面設計／引子設計
出　　版／知青頻道出版有限公司
發　　行／紅螞蟻圖書有限公司
地　　址／台北市內湖區舊宗路二段121巷19號(紅螞蟻資訊大樓)
網　　站／www.e-redant.com
郵撥帳號／1604621-1　紅螞蟻圖書有限公司
電　　話／(02)2795-3656（代表號）
傳　　真／(02)2795-4100
登 記 證／局版北市業字第796號
法律顧問／許晏賓律師
印 刷 廠／卡樂彩色製版印刷有限公司
出版日期／2018年12月　第一版第一刷

定價 320 元　港幣 107 元

ISBN 978-986-488-202-1　Printed in Taiwan